「日本国紀」は
世紀の名著か
トンデモ本か

はじめに～『日本国紀』はどんな本なのか？

『日本国紀』（幻冬舎）は、歴史書として空前のベストセラーだそうだ。「世紀の名著」と誉める人もいるし、「トンデモ本」扱いする人もいる。しかし、どちらにしても、これだけの読者が読み、読んだ人の多くが良かったと納得しているのは間違いないから、これからの日本人の歴史観にも大きな影響を与えると思う。

そうであれば、「読んだ方」にも、「これから読もうか迷っている人」にも、「読む気はないが、どんなことが書いていているかくらいは知っていたい人」のためにも、その解説を、比較的、ニュートラルな立場から提供することは意義があると思う。

私が第一印象として感じたのは、戦後史観で育ってきた人に、その歪みから覚醒のきっかけを与えるには良い本だということだ。太平洋戦争についての見方は少し偏っているが、全般的にはそれほど行き過ぎた愛国心が炸裂《さくれつ》しているわけでない。しかも、読みやすいし面白い。

その一方、これを日本史のバイブルのように扱われると、いろんな意味で都合が悪い点が多いのも確かだ。

作家の書いたものの宿命で、「面白い」とか、たまたま共感した見方に流されているので、「首尾一貫していない」とか、「可能性の指摘に過ぎない」というところが多い。

また、太平洋戦争について、日本はなにも悪くなくて、アメリカが全部悪いと言わんばかりのトーンは、日本人同士では盛り上がるだろうが、世界に向かって訴えるには説得力がない。「日本だけが悪いのではない」というくらいに留めないと、孤立してしまう。

戦後体制についても、公式に日本政府がとってきたリベラルな見解とはもちろん、米国議会での演説で安倍晋三首相が依拠した立ち位置とも違いすぎて、世界に対して歴史認識を主張していく基礎には不向きだ。

私も日本の通史的なものをいろいろ書いているが、基本的な立ち位置は、日本人が外国人に向かって歴史を語って、それが説得的で日本の国益を増進するようなものであるべきだということに置いている。

日本の立場は堂々と主張しなければならないが、それが、かえって日本への不信感の原因となってはならない。

歴史戦の主戦場は、やはり中国や韓国との対決だ。そのためには、日本人のあいだで気分よく盛り上がることより、世界で味方を増やすほうが大事だというのが、私の主張してきたところだし、その用途には、『**日本国紀**』はあまり向いていない。

そういう意味では、いい本としておすすめしてもよいが、読み方と使い方はよく考えて欲しいと思うし、本書がその一助になれば幸いである。

◇目次◇　「日本国紀」は世紀の名著かトンデモ本か

第一章　天皇陛下は神武天皇の子孫でない？
～「万世一系」を否定してしまった謎

第二章　戦後史観に近い『日本国紀』の古代史
～九州王朝説などにも共感を示す

第三章　韓国による古代史改竄《かいざん》に鉄槌《てっつい》
～百済は日本の植民地だったとは過激

第四章 『逆説の日本史』に似た陰謀史観
～推理作家的な謎解きの面白さと危うさ

第五章　日本はいつもいい国という楽天主義
〜江戸時代の負の側面に甘い

第六章　長州と尊皇攘夷はお嫌いらしい
～明治維新は世界的事件ではないのか

第七章　戦後日本は誇れる国でないらしい
～戦争で日本はまったく悪くなかった？

序章

『日本国紀』は二十一世紀の『日本書紀』でなく『古事記』でしょう

〜戦後史観の欺瞞から目を覚ますのには有益

「日本が好きになる日本史を子供たちに」というのは大賛成だが

「アメリカでは、子供たちにアメリカ人であることを誇りに思えるような歴史を教えると聞いて、日本でも日本の子供たちに日本が好きになってもらいたい」

というようなことを、ケント・ギルバード氏と対談したときに、『日本国紀』の著者、百田尚樹氏は思ったと言っている。

もちろん、日本の国と日本人だけが優れていて、ほかの国や国民は劣るというような思い込みをされても困るが、日本人として生まれてきて良かったと小学生に思わせることは悪いことでないと思う。

古代にあって、『古事記』は、稗田阿礼《ひえだのあれ》という物知りが当時の日本人が思っていたことをそのままに吐露した物語だった。それに対して、『日本書紀』は文献などにも当たって、間違いや矛盾を正し、客観的な推測もし、それを踏まえて、日本の唐や新羅《しらぎ》に対しての外交的な立場をよくする目的で編纂したものだ。

そして、私の書いている歴史は、『日本書紀』と同様の立ち位置からのものだ。それに対して、『日本国紀』は、むしろ『古事記』に似たものではないのか。

そういう意味で言えば、『日本国紀』というタイトルをつけたことは、この本の性格について誤解を与えることになったと思う。

本来この本は、「平成の古事記」として優れた作品なのである。

戦後日本の歴史教育は、戦前の教育に対するアンチテーゼが基調になっている

なにしろ、戦前の歴史教科書を見ると、神話と古代史が区別することなく書かれていた。イザナギ・イザナミの二柱の神による「国生み」と天照大神《あまてらすおおかみ》の「天岩戸」。大国主命《おおくにぬしのみこと》による「国譲り」から「天孫降臨」が描かれ、日向三代のあと神武天皇が「東征」と「即位」をもって、紀元前六六〇年二月十一日に建国されたと書いてあった。

人々の生活は古墳時代あたりからしか描かれず、日本文化の美点のみが強調され、外征などには常に日本に正義があると断定されていた。

そうした「皇国史観に基づく国家観」「行き過ぎた日本という国に対する偏愛」「戦争に駆り立てた独りよがりな歴史認識」を克服するために、神話と混合した歴史観を否定し、国際関係についても客観的なものの見方を得ることが、戦後において、最優先であったことは理解できる。

しかし、終戦のときに十五歳だった人は、いまや、だいたい、平均寿命に達しているし、いまの子供たちにとっては、曾祖父母の世代になってしまっている。

それにもかかわらず、日本の歴史教育は、むしろ、狂おしいまでに過去否定の度を強めている。

文部科学省の定める教科書検定基準に基づいて書かれている歴史教科書では、日本政府の外交上の公式見解もきちんと教えられないし、現行憲法でも世襲による天皇制をとりながら、歴代天皇についての系図や、国の成り立ちについての物語も一部の教科書においてのみ紹介されているに留まる。

神武天皇の建国は神話としての扱いであり、実質的な建国者とみられる崇神《すじん》天皇や、統一国家の樹立者である神功《じんぐう》皇后や応神《おうじん》天皇など推古天皇より前の天皇は、その名さえ紹介されていない。

辛うじて仁徳天皇の名が、その御陵が一部の教科書のみで大仙陵古墳《だいせんりょうこふん》（仁徳天皇陵）という形で登場するだけだ。

また、近現代史については、いわゆる「教科書問題」の結果として、鈴木善幸内閣で宮澤官房長官の談話で方針が示され、それに基づいて定められた指導要領で、

「近隣のアジア諸国との間の近現代の歴史的事象の扱いに国際理解と国際協調の見地から必要な配慮がされていること」

という条項が設けられている。

そこで、それを過剰に配慮して、彼らの言い分に沿った記述がなされていて、当時の日本の立場はおろか、現在の日本政府の立場すら尊重されていない状況だ。南京事件なども含めて、

外国の明らかに虚偽とか誇張された主張や数字が載せられている。

また、近隣諸国条項は近現代だけが対象なのに、古代史にまで同様の配慮がなされているのはおかしなことだ。

そういう状況だから、最初に書いたように、『**日本国紀**』を読めば、「左巻き」を「右巻き」で中和させることになって、ちょうど良いかもしれない。

『**日本国紀**』について、山口二郎法政大学教授は、Twitterで、

「百田のほら話を読んで日本に生まれたことを感謝できる人は、よほど幸せなのだろう。一昨日、ある勉強会で保阪正康氏の話を聞いた。戦争について調べれば調べるほど、なんでこんな愚かな指導者の下、無謀な戦いで大勢の人が非業の死を強いられたか、腹が立って仕方ないという思いを共有した」（二〇一八年十一月二十一日）

と書き、それに対して百田尚樹氏は、

「他人の著作を『ほら話』と言うのは自由だが、いやしくも大学教授なら本を読んでから言ってるのだろうな。私も本で、愚かな指導者を批判している。それと戦争を煽った新聞も批判している。山口よ、本当に読んだのか！ところで山口にとっては、日本に生まれたことを感謝するのはいけないことなのか」（二〇一八年十一月二十二日）

と反論している。

こうした偏った戦後歴史教育に対するアンチテーゼとして、面白く読みやすい本書を読むこ

とは、その偏向した常識を疑う良いチャンスになるはずだ。

国民感情に訴えるか、現実の国益を追究するか

ただ、大人が読むとしたら、日本の悪いところ、良くなかったところもバランスよく認識しておいた方が良いに決まっている。戦後史観に従って書かれた歴史を否定するのはいいが、独りよがりなジコチュウ史観も困るのだ。

もちろん、日本人の弱点についても書いてあるが、それは、

「国際政治という謀略の世界では、赤子のように振る舞ったり、扱われてしまったりと、読んでいて辛くなる箇所が随所に見られます」

というような稚拙だったということにほぼ限定されており、悪かったことの反省ではない。

また、愛国的な百田氏のことであるから、日本の文化、国民性などについては、肯定的で強い愛着をみせており、どの時代がよろしくなかったとか、良かったかとかいう強いメリハリは感じない。

近現代史については、明白な保守派の立場から書いている姿勢が明白である結果、世界各国から理解を得られそうもない歴史認識もみられる。それほど極端でないが、日本の立場なり行為を擁護し、戦争の原因についても戦後処理についてもアメリカへの厳しい立場が目立つ。

これは、いわゆる「修正主義」と言われそうである。安倍首相が、慎重に、そう呼ばれないように同調を避けている考え方だ。

一方、幕末より前の歴史については、ものすごく保守派的で中国や韓国に厳しいのかと思ったら、意外に戦後史観に近い穏健なラインなので、ある意味で拍子抜けした。

近現代以前の歴史については、戦後史観や歴史学会の常識的なラインをそれほど外れずに、穏健保守派的な立場から修正なり疑問を投げかけているというのが基本だ。

一方、作家らしく面白い裏読みが大胆に採用されている。私は、よほどしっかりした根拠のない裏読みを重視するのは陰謀史観的なので避けるし、せいぜい可能性として紹介する程度にするのだが、百田氏は作家だからということもあるのだろうが、直感で「なるほど」と思えば採用されているようだ。

そうしたなかで、井沢元彦氏の『**逆説の日本史**』に影響されたところが非常に大きいように見える。別に悪いことではないが、井沢氏の見解が独特であるだけに、似ている印象が強く、知らない人が読んで、「百田日本史は面白い」と思ったところのかなりが、井沢説だということもありうる。

また、井沢氏の説はエンタメとしての裏読みであって、本当に井沢氏自身がそう信じているのかどうか分からないことが多い。『**日本書紀**』の現代版とうたう通史で扱うに適するものではない。

また、これはどうかと思うのは、首尾一貫していないというか、明らかな矛盾も多く見られることだ。監修者たちの助言にしても、体系的に検討するのでなく、直感的に取捨選択したのかもしれない。

とくに、古代史については、応神天皇が熊襲《くまそ》だとか、継体《けいたい》天皇で皇統が入れ替わっている可能性が強いといった万世一系の否定、統一国家成立時期を戦後史観の学者よりさらに遅く見ているなど、どうしてそういうことになるのか、少し理解しにくいところが多い。これが歴史小説ならまだしも、通史としては体をなしていないとも言える。

また、この本を翻訳して海外に紹介されたら良いことだけではないと思う。私は世界に対して日本の立場を最大限に理解してもらい、国益を追求するために歴史を書く。

とくに、**『日本と世界がわかる　最強の日本史』**など「最強シリーズ」（『世界と日本がわかる最強の世界史』『韓国と日本がわかる最強の韓国史』『中国と日本がわかる最強の中国史』）は、世界の中で、日本国家が欧米などに対して自己主張を無理なくするにはどうすればいいかが主たるテーマであって、反欧米色は弱い一方、中韓にはもっと厳しいし、日本国家の政治外交的利益が前面に出たものだ。日本人なら、外国人にこう説明すべきだという観点から書いている。

たとえば、中国や韓国との関係では、どうせ中国人や韓国人の賛同など得られないだろうから、欧米人など第三者の理解を得られるために、無理な正当化は避けつつ、その条件下で、最大限に日本の立場を擁護しようとしている。

そうすれば、中国人や韓国人も言いたい放題の弊害を悟り、少しは大人しくなるだろうというものである。

もちろん、私の書く本によっては、たとえば、フランス人はこう考えているとか、中国人はどうだとかいうことを日本人のために紹介したいという視点のものもあるが、それも、最終的な目的は日本人が国益の増進を図り、外に対して、適正に主張していくための参考とすることだ。また、首尾一貫性は執拗に確保しているが、『日本国紀』は気にしていないようだ。

『日本国紀』はなぜ大ヒットしたのか

この本が大ヒットしたのは、なにも出版社の宣伝が上手だったからだけではない。それは、時代のニーズに合っていたからだ。その理由を七つのポイントで説明してみよう。

①「子供たちが日本を好きになるような日本史の本がない」ので、「なければ自分で書けばいいんだ」という意図は成功している。それは、百田氏の文学者としての筆力と愛国者としてのなせるわざである。しかし、これは子供向けの本ではないので少し脳天気な気もしないわけではない。「日本人はなんて素晴らしい民族なのか、世界最高の民族だ」と大人が喜ぶのも良し悪しだ。

②　客観性にかかわらずに主観的な自分の気持ちや受け取り方に徹するという方針は、文学者の手になる歴史本としてはもっともであり成功もしている。ただし、これは本来の歴史のあるべき姿かと言えば疑問もある。

ヒストリーとストーリーが同じ語源であると著者は言う。確かにそうなのだが、ストーリーが先にあるわけでなく、むしろ逆だ。ヒストリーはヒズ・ストーリーだとかいうような都市伝説はともかく、ストーリーを物語と訳したのは一種の誤訳である。

ストーリーには「物語る」というニュアンスはない。日本人には、エコノミーを経済として訳したときの語源になった「経世済民」の原意から敷衍《ふえん》して説明する人がいるが、馬鹿げたことである。そんなわけで語源論として正しいとは思わないが、著者が自分にとっての日本史物語を細かいことを気にせずに展開したことは、強い説得力をもたらしているのも事実だ。

③　「日本という国」と言うように第三者的に捉えるのでなく、「自分たちの国」として捉えた歴史を、という姿勢は説得的だ。前記の主観的な物語を書くということにつながるが、「これまでの日本史の授業や教科書は『この国の歴史』だった。だからといって、客観的かつ科学的で正確無比というわけでもない。どこの国の歴史か分からないようなものが学校でも教えられている。そのしっくりこないものと、『私たちの歴史』を求める人々の間のせめぎあいがいま起きている」（『「日本国紀」の副読本』P24）というのはもっともだ。

④帝王や政治家と庶民の描き方のバランスが良い。中間層や庶民を歴史の中でどう描くかは難しい課題だが、作家らしい観点で庶民を生き生きと描いている。ただし、そこに出てくるのは恵まれた環境にある素晴らしい中流層であって、本当の意味の庶民の苦しみのようなものはどこかにいってしまっているとも言える。

⑤過去の時代を現代にうまくつなげている。「平成」という項目を設け、日本人の平和ボケが昔から多くの時代に存在したのに、歴史から学んでいないことなどを上手に説明して警鐘をならしているのは説得的だ。

⑥保守派の論客として、タカ派的な思想が炸裂していると予想する人は拍子抜けするだろう。勇ましいだけの軍国主義だとか神がかった皇国史観といったものに影響された印象は薄い。国防の重要性を唱え、万世一系の国であることを誇りとしているだけで、穏健保守といったところだ。

⑦「近年になって日本では保守反動が進行している」という批判をする人がいるが、むしろ、昭和から平成になって極端な自虐史観の高揚があるのではないかという指摘は新鮮だ。たしかに、終戦後は戦前に対する反省も盛んだったが、一方で、高齢者を中心に「大東亜戦争」を肯定し、兵士たちを讃え、日の丸を掲揚し君が代を歌うことがより自然だったとも言える。この二つの流れは交錯しているのであるが、現在の風潮を「反動」という視点ばかりで理解するのは間違っている。

以上のように、著者の狙いはおおむね成功しているようだ。そして、その結果として、編集者である有本香氏が言うように、

①　偏向した日本の歴史観を根源的に見直してみたい、

②　百田尚樹という作家が魅力的である、

③　平成から時代への御代がわりの時期にふさわしい、

ということがあいまってヒットしたのだという観察は的を得ていると思う。

また、戦後史観のウソが『**日本国紀**』が書いたことで暴露されるとすれば嬉しい。慶長の役で日本軍が劣勢のまま終わったとか李舜臣《りしゅんしん》が大勝利を収めたとかいったことがウソであることの指摘、神風特攻隊の犠牲がいかに日本恐るべしという評価を得て、それが日本の平和を守っているかなど日本人が絶対に知っておくべきことだ。

長安で日本を攻める計画を聞いて自分を奴隷として売って得た金で日本に知らせる使いを送った大伴部博麻《おおともべのはかま》の愛国心、平安時代の刀伊の来寇を豪胆に打ち破った藤原隆家と九州の武士たちの活躍、小笠原諸島を素早い対応で日本の領土として確保した水野忠徳の機転、提灯屋でありながら蒸気機関をつくった宇和島の前原嘉蔵、明治になっていち早く海外で学んで国家建設を支えた学者たちなど、あまり知られない人物やエピソードを発掘したことは嬉しいことだ。

百田先生、このあたりは賛成できません

「日本という国」の歴史でなく、「この国」の歴史と胸を張るなら、これは少し困ると思うことは多々ある。『**『日本国紀』の副読本**』（産経新聞出版）では、有本香氏がイスラエルで大学院で歴史を学んだインテリが、流暢な英語で遺跡の案内をするのを聞いて感動したエピソードを紹介し、民族にとっての「ソフトパワー」で最大の武器は歴史だと主張している。

私も全面的に賛成である。しかし、『**日本国紀**』にはそういう目的にはそぐわない箇所がかなり見受けられる。私がとくに気になった点を十点ほどあげておく。

① 万世一系を世界に誇るべきこととしながら、応神天皇は熊襲だとか継体天皇は簒奪者だとかいう可能性をさほどの根拠なく主張して一貫性がない。

② 日本人の任那《みまな》領有を認め、それを教科書でしっかり書くように要求しながら、その主体は大和朝廷でなく九州王朝かもしれないと書いて曖昧にしてしまっている。その反面、百済《くだら》が日本の植民地のようなものだったという無理な主張をして、日本国家としてしてきた国益をかけた主張の足を引っ張っている。

③ 足利義満の王位簒奪計画とか暗殺説など研究者の間で緻密な分析もふまえて否定されて

いる陰謀史観的奇説に傾斜し過ぎだ。『「日本国紀」の副読本』では孝明天皇暗殺説にまで理解を示している。

④ 日蓮・戦国時代の法華一揆・創価学会・公明党が登場しないなど日蓮宗がまったく登場しないのは日本文化・思想の捉え方として歪んでいる。ほかにも陽明学などなぜか言及のないものがある。

⑤ 江戸時代の封建制・後進性についての認識が十分ではない。鎖国にいちおう否定的な見方をしているが、広汎な弊害、身分制や女性差別の過酷さなどについて正しい評価がされていない。

⑥ 尊王攘夷が明治維新の原動力になったことへの評価がされておらず、偏狭な思想として扱われている。明治維新における長州の役割について正当な評価がされておらず、明治以降の長州出身の政治家への評価も極端に低い。他方、会津や幕府方の守旧派への評価が高すぎる。

⑦ 江戸時代のプリミティブな寺子屋や藩校と、明治政府がいち早く立ち上げた近代的な義務教育制の差は非常に大きいにもかかわらず、前者を過度に称揚する一方、後者の意義については全く触れていない。後者こそ日本史で最大級の偉業だし、その恩恵は朝鮮や台湾にも及んだ。

⑧ 戦争について日本だけが悪くなかったというのは分かるが、ほとんどアメリカや中国が

悪く、日本は対処の仕方が稚拙だっただけのような書き方がされているが、そのポジションでは国際的な説得力がなく、修正主義の烙印《らくいん》を押されるだけで賢くない。それこそ稚拙だ。

⑨　日本がジャパン・アズ・ナンバーワンと言われ、世界史に残るほどの栄光に包まれた戦後の時代について否定的に過ぎるのではないか。また、高度成長について国民の頑張りだけに成功の原因を求め、政策的成功について否定しているのはおかしい。それなら、その後の低迷は日本人が怠惰になったからなのか。

⑩　日本人の国防意識が低いことなどについての批判は正当だが、その原因としてアメリカによる「罪の意識を徹底的に植えつけるＷＧＩＰ（War Guilt Information Program）」を重く見過ぎるのは行き過ぎだ。たとえそういうものがあっても、それから七十年も経って脱することができないのは日本人の責任だ。

このほかにも、いろいろあるが、以下の各章でそれぞれ詳しく論じることにする。

第一章

天皇陛下は神武天皇の子孫でない？

〜「万世一系」を否定してしまった謎

神話と結びついているから素晴らしい国なのか

『**日本国紀**』には、「万世一系」を称揚しながら応神《おうじん》天皇（15代）や継体《けいたい》天皇（26代）について王朝が交替した可能性が強いという趣旨のことが書かれている。つまり、今上陛下など現在の皇室は神武天皇の子孫ではないというわけだ。

応神天皇に神武《じんむ》天皇や崇神《すじん》天皇（10代）と同じ「神」という字が入っていることを理由に「敢えて大胆に推察すれば、ここで王朝が入れ替わり、その初代を表わすために、『神』の字を用いたように思える」（P27）とか「熊襲が大和朝廷を滅ぼして権力を掌握したという説」に「かなり説得力があるものと考えている」（P26）としている。

また、六世紀の終わり頃に皇統断絶を受けて、越前から応神天皇から五世の孫として迎えられた継体天皇について、

「多くの学者が継体天皇の時に皇位簒奪（本来、地位の継承資格がない者が、その地位を奪取すること）が行なわれたのではないかと考えている。私も十中八九そうであろうと思う。つまり現皇室は継体天皇から始まった王朝でないかと想像できるのだ」（P31～32）

と書いている。

そこで、モリカケ問題でおなじみの菅野完氏から「かくて、百田尚樹さんは万世一系を否定されました。みあげた売国奴ですな」とからかわれたりした。

その一方で『**日本国紀**』は、

「日本の歴史は神話と結びついているからこそ、格別にユニークなものになっているのである」

「日本は神話の中の天孫の子孫が万世一系で二十一世紀の現代まで続いているとされている。こんな国は世界のどこにもない」（P8）

としている。日本人は、自分たちの国は、神々の子孫である神武天皇によって建国され、それから変わることなくその子孫である皇室とともにあるという美しい神話の下で生きているという特別なすばらしい国であるという意味なのであろう。

それは実はウソの可能性が強く、奈良時代に『**古事記**』や『**日本書紀**』を書いた人たちもそれを知ってもいたが、辻褄を合わせて万世一系で間違いないとしたというのだが、「日本人がそういう神話を信じている」ことこそが素晴らしいということなのだろうか。

万世一系に筆者が疑問を持っても、

「日本は統一国家の成立以来、独立と統一を維持し続けており、いわゆる万世一系が真実かどうか分からないが、少なくとも六世紀あたりからは同一家系の男系男子で継承されている世界最長の継続性をもった国家だ」

というぐらいにしておけばいいのにと思うのに、万世一系を称揚しつつ、それは実は虚偽だというのはいかがなものか。

それに対して、私は皇国史観から距離を置きつつ「万世一系」を肯定している。日向《ひゅうが》からやってきた武人が大和南西部に創ったクニが発展して日本国家になり、その王者は男系男子で現在の皇室まで継続しているということは荒唐無稽でないと思うからだ。

応神天皇と継体天皇の継承についても、あとで詳しく論じるが、仁徳《にんとく》天皇（16代）の男系男子がいなくなってしまった事態を受けて、応神天皇の子孫（仁徳天皇の兄弟の末）である継体天皇が継承した経緯は別に謎も何もない自然なものだと思うし、また、その継体天皇の継承のときにむしろ第一候補だったのが、仲哀《ちゅうあい》天皇（14代）の子孫（応神天皇の兄弟の末）だった倭彦命《やまとひこのおおきみ》だったことを見れば、仲哀天皇と応神天皇の父子関係を否定するのは理屈が合わないのだから、それだけでも『**日本国紀**』の書いていることは事実無根といえる。

戦前の皇国史観では、やや大仰に粉飾された「神武東征」とか大和国の畝傍山《うねびやま》の麓での「建国」が語られ、美術作品などでも描かれていたが、そんなことは、『**古事記**』にも『**日本書紀**』にも書いておらず、中世以降に成立した伝説なのである（※以降、本書では『古事記』『日本書紀』の総称として「**記紀**」と表記する）。

神武天皇は多人数の軍隊と一緒に東征に出発したわけでもないし、大和で建てたクニは日本国家でなく、せいぜい現在の橿原《かしはら》市と御所《ごしょ》市あたりだけを領域にするだけだったというのが、「**記紀**」に書かれている出来事であって、リアリティも高いと思う。

その内容は、古代の王者達の長すぎる寿命を別にすれば、系図も事跡もさほど不自然なところはなく信頼性は高く、中国や韓国の史書や高句麗《こうくり》時代の「好太王碑《こうたいおうひ》」などとも符合し、考古学的知見からも、とくに矛盾はないと考えるからである。

「記紀」に書かれている内容を私なりに整理すれば次のようなことだ。

①　日向からやってきた神武天皇と、のちに呼ばれることになる武人が奈良盆地の南西部に小さいクニを建て、その子孫は近隣の王者たちと縁結びをし、勢力を拡げた。

②　十代目の崇神天皇が大和国を統一し、さらに吉備や出雲を服属させ、その曾孫のヤマトタケルらが関東や九州の一部にも勢力を拡げた。

③　仲哀・応神天皇や神功皇后のときに北九州を服属させて成立した統一国家の王者は、朝鮮半島にも進出した。

④　五世紀後半に武烈天皇に近い血縁の男子がなく、応神天皇の子孫で越前にいた継体天皇を招聘したが、その経緯に不自然なところはない。

以下、本章では、万世一系をめぐる論点と**『日本国紀』**の勘違いを明らかにしていこう。

皇位継承図（その１）

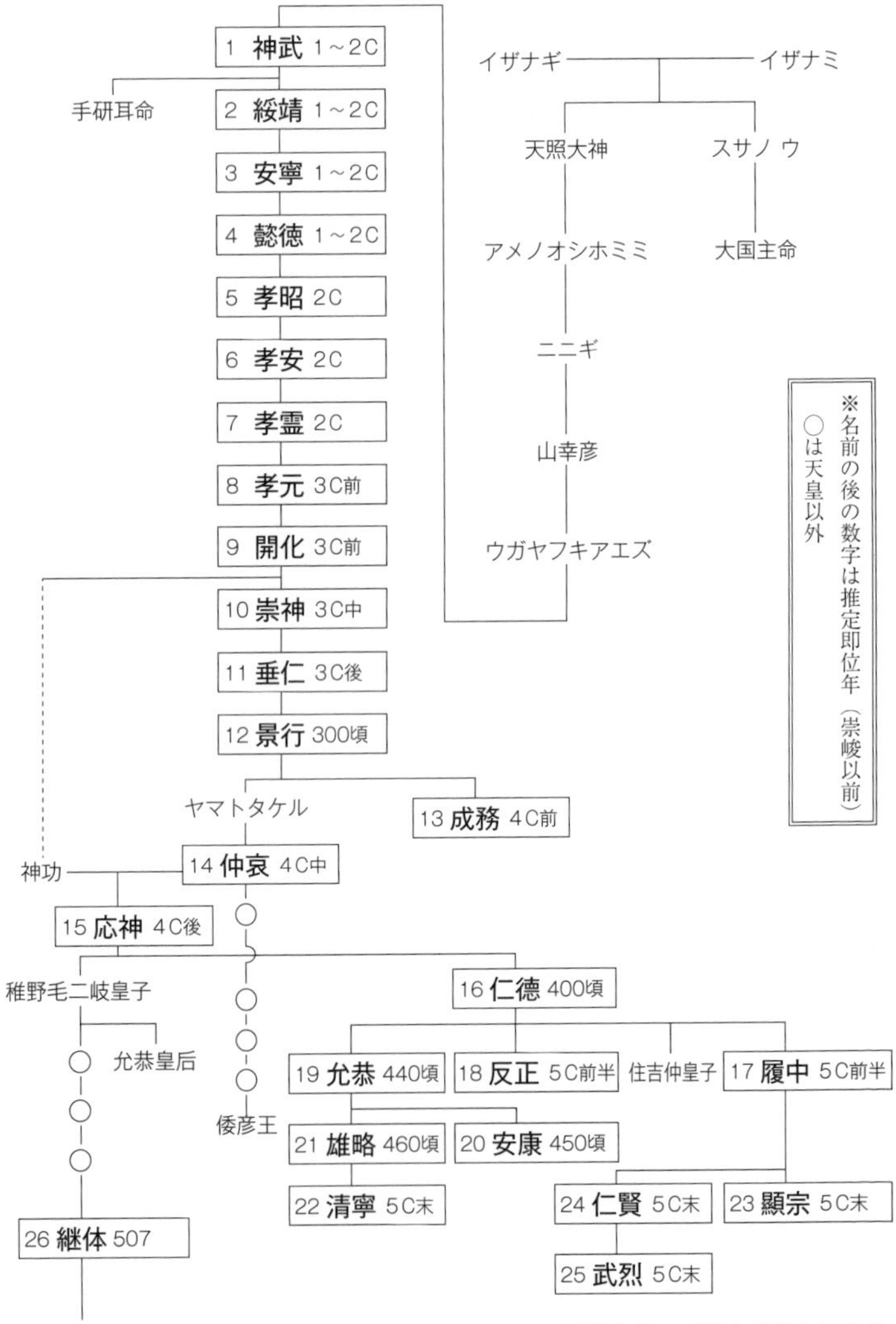

※原則として『日本書紀』による。

日本書紀と皇国史観における万世一系とは

『**記紀**』における建国物語がどうなっているかは、古代史マニアや高齢者はよくご存じだが、若い人などあまり知らない方も多いので、少し整理して紹介したうえで、それを『**日本国紀**』がどう扱っているかを検討していきたい。

『**記紀**』のうち神武天皇より前の話は歴史でなく神話である。神話になにか史実につながるものがあるかどうかは、世界各国の建国伝説でもまちまちである。しかし、少なくとも飛鳥時代（七世紀）から奈良時代（八世紀）にかけての日本人が持っていた国土形成観を反映しており、その起源はもっと古い時代にあるはずだし、そののちも、千年以上にわたって日本人の意識のなかで重要な地位を占めてきたから知っておくべきだ。

『**古事記**』における国生み神話では、神々は、淡路島を最初に生み、四国、隠岐、九州、壱岐、対馬、佐渡とつづき、大倭豊秋津島《おおやまととよあきづしま》と呼ばれた本州を完成して、大八島国《おおやしま》ができあがったとしている。

国生みの主人公は、伊邪那岐命《イザナギノミコト》・伊邪那美命《イザナミノミコト》で、アマテラス（天照大神）、スサノオ（建素戔鳴尊速）の父母である。

アマテラスの弟であるスサノオが高天原で乱暴を働き、アマテラスは天岩戸に隠れてしまった。世の中は闇になり、様々な禍が発生したが、八百万《やおよろず》の神々はアマテラスを岩戸から出すことに成功し、スサノオは高天原から追放され地上を治めた。

のちになって、アマテラスは孫のニニギ（瓊瓊杵尊）を地上に送り国を治めるように指示し、スサノオの子孫で出雲にあった大国主命《おおくにぬしのみこと》は引退して、その代償として出雲大社が創建された。これが、いわゆる「国譲り」だ。

このニニギとその子の山幸彦、孫のウガヤフキアエズ（鸕鷀草葺不合尊）は日向国にあったが、その孫の神武天皇は、四十五歳のとき、

「東に美しい土地があると聞く。青い山に囲まれ、そこには天からニギハヤ（饒速日命）が先に下っているというが、ここここそ、天下を治めるにふさわしい土地であろう」

という噂を聞いて東へ向かった。

ここで大事なことは、戦前の教科書などには、宮崎県北部の美々津《みみつ》の港から大軍団を率いて東征に出発したように書かれているのだが、『日本書紀』には、そのときに、同行したとして名があるのは、三人の兄たち、長男、そして中臣氏の先祖だけである。

それなりの軍勢を率いた可能性をうかがわせる言葉は『記紀』には見られず、家族の女性も誰も連れていない。

のちに大和に定着したのち、神武天皇は現地の有力者の娘を皇后としてめとるのだから、争いに巻き込まれたとか、なんらかの事情で、家族を残して出奔した可能性が強いと私は思う。

また『**記紀**』には日向で神武天皇が領土や家臣を多く持つような立場であったとうかがわせる記述もない。

それでは、華々しい「神武東征伝説」が語られ出したのはいつかと言えば、南北朝時代の「神皇正統記」あたりからで、中世に生まれた伝説である可能性が強い。

これは私が一九八〇年代から指摘し始めたのだが、戦後史観の人々からは歴史でないからどうでもいいこととされ、保守派の人からは、具体的な反論はあまりないのだが、そのまま認めるのに躊躇する人が多い。

というのは、幕末以降に高千穂で天岩戸と結びつけられた神楽が始められ（元々は仏教の行事だった）、皇室とは無縁だった宮崎神宮（明治以前は神武社という延岡藩の庇護の下にあったローカルな神社）が官幣大社になり「八紘一宇の塔」や「神武東征船出の地」の記念碑まで建てられているので、それが『**記紀**』には書かれていないと言われるのは困るようなのである。

そのあたり、皇室の歴史に詳しいある高名な学者は、

「神武天皇ゆかりの地を訪ねると、共通した雰囲気があり、何らかの史実の反映がある可能性までは否定まではできないということでしょう」

とやさしく仰っているが、公正なご意見だと思う。

神武東征は中世になって誇張された

日向を出発した神武天皇の一行が橿原《かしはら》で建国するまでの経緯は、『日本国紀』でも概略が紹介されているが、ここでは、私の分析も加えてもう少し細かく紹介しておく。

一行は宇佐、安芸《あき》などを経て、吉備《きび》に三年間留まった。当時の吉備は、筑紫、出雲、大和などと並んで開発が進んでいたところだ。

こうした武装集団が見知らぬ土地で居場所を見つけられるのは、用心棒か傭兵として雇われるとか、特別な技術でも持っているときである。おそらく彼らは、この地の土着勢力に雇われて定着し、少しばかりの手下を得たのではないか。

そして、さらに東へ向かい、とりあえず、河内《かわち》の国の村を襲った。しかし、住民たちが、大和盆地南西部の領主であった長髄彦《ながすねひこ》に救援を求めたので苦戦し、長兄の五瀬命《いつせのみこと》は戦死し、南へ逃げる途中にほかの兄たちも落命した。神武天皇は南へ迂回して熊野の奥深い山に入り、背後から長髄彦たちを攻撃した。

神武天皇と呼ばれることになる人物は、並外れた武芸の達人かよほどカリスマ的魅力もあったに違いない。古代には、容貌、武芸、声、音楽的才能、予知能力、手品の技術などがものをいったはずなのである。

「私は太陽神の子孫だ」

「夢で大和という青い山に囲まれた豊かな土地がある。そこへ行ってクニを建てるようにとお告げがあった」

とか巧みに語ったかもしれない。長髄彦から人心が離れつつあったのであろうか、長髄彦の妹婿だった物部《もののべ》氏の祖先である饒速日《にぎはやひ》もこの侵入者と手を組むことになった。

そして、長髄彦との一騎打ちで勝って、畝傍山の麓に小さい王国を建国したのが、伝説によれば紀元前六六〇年二月十一日だというわけだ（現在の建国記念の日）。

この段階では、日本全体の支配者になったわけでなく、大和のごく一部しか支配下に治めていないということは、**『日本書紀』**に書かれていることを見れば明らかだ。つまり、これは、狼に育てられたロムルスがローマの礎を築いたとか、任天堂の山内傳さんの曾祖父が京都五条で花札づくりの作業場を開いたということに比すべきものであろう。

神武天皇は大国主命の孫娘を皇后とし、綏靖《すいぜい》天皇（2代）の皇后も母親の姉妹、三代安寧天皇の皇后は大国主命の子である一言主《ひとことぬし》神の孫鴨主の娘を皇后とした。こうした逸話から、天皇家がやってくる前の大和の支配者たちが出雲と縁がある人々だった可能性が高い。

神武天皇を狗奴国王とする『日本国紀』

こうした神話の内容や、神武東征と建国について『日本国紀』はどう書いているのだろうか。「天孫降臨《てんそんこうりん》」などについては何も書いていない。ただ、神武東征については、史実をかなり反映しているのではないかとしている。

まず『日本国紀』は、畿内の銅鐸文化圏と九州の銅矛文化圏があったと考え、九州からやってきた銅矛集団が銅鐸集団を破り、銅鐸を破壊させ、あるいは、隠さざるを得なくしたと見るべきだと書いている（P20〜21）。

さらに『日本国紀』は、邪馬台国について九州説を主張し、

①『記紀』に中国から銅鏡などをもらったといった伝承が書かれていないのは不自然であり、

② 大和朝廷が邪馬台国であるとか、邪馬台国が東遷してきたという可能性は低く、むしろ

③ 邪馬台国と争っていたと魏志倭人伝に書かれている狗奴《くな》国の末裔の可能性がある、

としている（P19〜20）。

それなりに辻褄が合っているようにも見えるが、矛盾だらけだ。まず、既に書いたように大兵力を率いて九州の王者が東征したというような話は『記紀』には書いていないのである。

したがって、神武東征を『日本書紀』が語っているのは、大軍勢による九州王国の畿内征服という何らかの史実の反映でないかという発想は成り立たない。

そして、たとえ、その点を横に置いたとしても、もし皇室の先祖が狗奴国だとすると、それが大和に移ったとしても、卑弥呼の死後（二四〇年頃）、それなりの時間が経ってからということになるから、三世紀の終盤以降である。

そうすると、ヤマトタケルの活躍とか、神功皇太后による大陸進出と時間的に辻褄が合わなくなってくるのであるが、その点は、のちに説明しよう。

崇神天皇と神武天皇は同一人物と疑う

崇神《すじん》天皇（10代）と神武天皇は、いずれもハックニシラススメラミコト（国を初めて建てた人）という肩書きを持っている。だから、『日本国紀』は同一人物であることもあり得るようなことを書いているが（P27）、創業者と中興の祖をともに崇めるのはごく普通のことでないか。

私は、神武天皇は九州からやって来て奈良盆地南西部の橿原市と葛城地方と言われる御所市のあたりを支配する小さいクニの王となり、欠史八代《けつしはちだい》と言われる綏靖《すいぜい》天皇（2代）から開化《かいか》天皇（9代）に至る天皇は、群小国家の王として大和連合をともに成す近隣の王たちと縁組みしていたと解釈している。

※欠史八代＝『日本書紀』に系譜は存在するが、事績が記されていない八人の天皇のこと。その縁組みの相手の出身地を地図上にプロットしたら、周辺地域から徐々に大和国全域に広がっていることが分かる。

そして、第十代の崇神天皇にいたって、纒向《まきむく》遺跡などがあって大和で最も栄え、宗教教上の聖地でもあった奈良盆地南西部の三輪地方を支配下に収めて大和を統一した。さらに、畿内全域、そして、出雲や吉備あたりまで支配下に置いたというのが『日本書紀』に書いてあることだ。

出雲については、当時の領主である出雲振根《いずものふるね》が筑紫国に行っているうちに、弟の飯入根《いいいりね》が崇神天皇から要請を受けて神宝を差し出したが、兄は筑紫から戻って怒り、弟を殺した。そこで、弟の子で出雲国造家の祖先となる鸕濡渟《うかつくぬ》の求めで崇神天皇は、先に服属していた吉備津彦《きびつひこ》らを派遣して出雲振根を殺させたとしている。

元々、出雲族の先祖であるスサノオが日本列島に下って国づくりの主役だったが、天照大神の孫で天孫降臨したニニギに日本列島の主人の座を譲った。また、天皇家は、大和の在地勢力のうち出雲の大国主命の子孫たちと縁結びして勢力を広げた。

さらに、出雲では天照大神の子孫でも皇室とは別系統の者が支配者となっていたが、崇神天皇の時に服従したというのが大和と出雲の関係だというわけだ。

崇神天皇の物語は、いわば零細企業の社長が上場企業にすることに成功した記憶であり、いちおう、自然な流れだと思う。そして、大人数の組織になったので、それ以降は文書はまだない時代ながら細かい記憶も伝承されやすくなったようだ。

一方、神武天皇の建国物語は零細企業としての創業である。そのあとに欠史八代が続くが、企業でも地方の旧家などでも、創業者やその地に移ってきた初代のことはよく伝承されていても、二代目以降はすぐに忘れられていることが多い。

戦国大名の先祖でも、織田信長の先祖が越前にやってきたとか、尾張に移った経緯は詳しく語られるが、信長に近いところは祖父くらいまでしかよく分からない。

だから、崇神天皇に先立つ八代について誰と縁組みしたとか、宮のあった場所くらいしか分からないから、初代の神武天皇が架空というのはまったくおかしいのである。ただし、あいまいな記憶がゆえに、兄弟での継承を父子にしたりしたことくらいはあったかもしれないので、世代数では神武天皇と崇神天皇はもう少し近接している可能性はあると思う。

それに対して『**日本国紀**』は、神武天皇と崇神天皇同一人物説に理解を示している。しかし、そうなると、九州出身の崇神天皇は、九州から吉備などを通過して大和を征服し、そののち、かつて通過してきた吉備や、そこに近い出雲の制圧に乗り出したことになり、なんとも不自然なのである。

また、第二章で論じるが、倭の五王のひとりで雄略《ゆうりゃく》天皇（21代）だとされている倭王武《ぶ》は、自分の先祖は畿内から出発して、西日本と東日本にそれぞれほぼ均等に勢力を伸ばしたと中国南朝への上表文で語っており、これが神武天皇の子孫である崇神天皇のことを指すなら分かるが、九州からやってきた神武天皇が崇神天皇と同一人物なら、奇妙な建国話になってしまう。そのあたりは第二章で論じる。

ヤマトタケルについて言及しない『日本国紀』

『日本国紀』を離れて、私が主張する『日本書紀』の建国物語がおおむね正しいという説では、神武天皇による小国家創立から第九代開化天皇まで大和盆地の片隅の小領主だった天皇家は、崇神天皇（10代）にいたり、大和を統一した。さらに、余勢を駆って吉備、出雲、関東の一部まで大和朝廷の権威を認めるまでになり、これをもって日本国家の原型が完成したといってもよいし、倭王武の上表文と一致する。

そののち、崇神天皇の玄孫である仲哀天皇の時代になって、大陸との窓口だった筑紫地方が大和朝廷に服従したことで日本統一が完成するのだが、その間に、垂仁、景行、成務の三代の天皇の治世があった。

とくに景行天皇（12代）の時代にはその子であるヤマトタケル（日本武尊）の活躍で列島の統一はその範囲の大きさだけでなく質的にも深化した。

景行天皇は、熊襲が背いたので自ら西下して、山口県防府市（周防）で賊を討ち、福岡県行橋《ゆくはし》市（豊前国京都郡）に行宮を設け、大分県大分市（豊後）で土蜘蛛を誅し、日向では熊襲梟帥をその娘に殺させたと『**日本書紀**』にはある。

そのあと熊本県（肥後）の各地、長崎県（肥前）の諫早《いさはや》市付近、福岡県の筑後国浮羽郡を巡って大和に帰ったとある。

そののち、熊襲が再叛したので皇子のヤマトタケルが派遣され、カワカミノタケル（川上梟帥）を女装して誅殺した。蝦夷征討を命じられたヤマトタケルは、伊勢神宮に立ち寄ったあと、尾張を経て東海道を下り、相模から上総、陸奥、常陸、甲斐、武蔵、上野と巡り、碓氷峠から信濃に入り、部下を越後に派遣した。

しかし、遠征から戻ってきたのち、滋賀県の伊吹山の神に祟られて病に倒れ、三重県の亀山市付近で死んだ。

この景行天皇とヤマトタケルの足跡を見ると、鹿児島・佐賀県、福岡県の筑前地方、長崎県の対馬や壱岐には足を踏み入れていないのは、これらの地域の帰順がほかの地域より遅かったことを示している。

また、景行天皇もヤマトタケルも、日向で先祖の墓参りや顕彰を行っていないのは、どこが父祖の地であるか特定できなかったからと見るしかない。

景行天皇の帝位は、ヤマトタケルの弟である成務《せいむ》天皇（13代）に引き継がれたが、その次には、ヤマトタケルの忘れ形見である仲哀天皇が即位している。

なお、この景行天皇の末期から仲哀天皇まで三代の都は、大津市北部で、比叡山の麓にある坂本と、天智天皇《てんじ》（38代）の大津京との中間に位置する穴太の志賀高穴穂宮《しがたかあなほのみや》だったとされている。東国の掌握が課題であった反映とすれば合理的である。

ヤマトタケルには、聖徳太子の場合と同様に架空説がある。たしかに、さまざまな人の業績を特定の人気者の功績に集めてしまう傾向は現代でもあるから、そういうことはあると思う。とくに、大活躍したが若くして死んでしまった英雄に同情が集まるのは自然なことなのである。

しかし、誇張されているとしても、架空だったことにはならない。坂本龍馬は過大評価されているが、架空でないのと同じだ。

『日本書紀』に書いている、景行天皇やヤマトタケルの活躍は、細部はともかくとして、ストーリーとしては無理がない。崇神天皇が吉備や出雲まで支配下に置いたのを、九州にまで勢力を拡げ、東国でも関東地方をほぼ制圧したということだ。

しかし『日本国紀』には、ヤマトタケルの名前も出てこないし、こうした統一事業の進展にもほとんど関心を示していない。建国史における最大の英雄で、全国各地に伝承を残しているのにどうして無視したのだろうか。

応神天皇を「熊襲の王」でないかという

『日本書紀』によると、仲哀天皇はヤマトタケルの皇子である。開化天皇の子孫である神功皇后と結婚したが、それ以前にも多くの皇子がいたようだ。

熊襲が反乱を起こしたと聞いて、紀州にいた天皇は瀬戸内海から、敦賀にいた皇后は日本海から西下し、長門国で落ち合っている。そして、筑紫香椎宮《ちくしかしいのみや》（福岡市東区）に移ったが、このときに『**魏志倭人伝**』でお馴染みの伊都国王が三種の神器のようなものをもって服属を誓っている。

すでに書いたように、熊襲の地と筑紫を除いて西日本は大和朝廷の影響下に入っていたが、筑紫地方もここに至ってようやく服属したのだ。

両勢力の大戦争はなかったようだ。北九州にあった邪馬台国が滅亡したあと小国に分裂していたらしい九州が、熊襲の圧力からの防衛や大陸で勢力を広げるために、軍事大国だった大和の宗主権を認め後ろ盾にしたと考えてよい。

そして、貧しい熊襲を攻めるより、大陸の新羅《しらぎ》の方が豊かだから、そちらを討つべしと「神が神功皇后に告げた」と言うが、プロモーターは筑紫諸国だったと見られる。皇后はこの話に乗るが、天皇は高い所へのぼってみても島影も見えないと拒否し、熊襲の攻撃に向かったが苦戦のなかで異変が起きた。

天皇が琴を弾いていたのだが、灯りが突然に消えて暗くなり、再び灯りが点ったときには事切れていたと『**日本書紀**』は語る。暗殺の可能性も強く感じられるところだ。

仲哀天皇の死を受けて、皇后が指揮し、熊襲を平定し、ついで大陸遠征に乗り出した。大陸から半島に渡り、戦わずに新羅を降伏させ、高麗や百済《くだら》も自然と従うこととなった。これ以後、これらの国は日本に朝貢するようになって、それぞれ、起伏はあるものの、三世紀にわたって継続した。

そして、皇太后は仲衷天皇の死後になって生まれた子（のちの応神天皇）を連れて畿内へ凱旋した。仲衷天皇が別の妃に産ませた忍熊皇子《おしくまのみこ》などの王子たちが抵抗し戦ったが、皇太后の軍勢が勝った。

河内や紀州の軍勢の助勢を得た皇太后は、都を大和に戻した。現在の皇統譜では、仲哀天皇のあとは応神天皇になっているが、これは、大正十五（一九二六）年になってそう定められたのであって、**『日本書紀』**もその後の朝廷の公式見解でも、神功皇太后が女帝であったとしていた。

開化天皇の子孫であるのだから、資格はあるわけで、これを否定する必要などないので、私は大正以前の公式見解が正しいと考えている。

こうした経緯はとくに不自然さはないと思うが、**『日本国紀』**では、これは熊襲が戦いに勝利して新王朝が建てられたのではないかという説を紹介し、それに説得力があるとしている（P26）。神功皇太后が帯で赤ん坊の誕生を遅らせたとかいうのは不自然であるとか、神功皇太后やその子の応神天皇に、神武天皇や崇神天皇と同じ「神」という字が使われているのが理由だという（P26）。

崇神・神功・応神にのみ「神」の字が使われていることも『日本国紀』は王朝交替の有力な根拠としているが、『日本書紀』の記述でも、崇神天皇は元々天皇家は大和のごく一部を領有するに過ぎなかったのを、大和を統一し、さらに吉備や出雲まで勢力圏に入れた中興の祖であり、神功皇太后は北九州を大和朝廷の支配下に入れて統一国家を実現し、朝鮮半島に進出した偉大な女帝であり（既に書いたように大正十五年までは歴代天皇に入っていた）、応神天皇はその子として母とともに統一日本国家の基盤確立に尽力したのだから、これも、新王朝でなくとも、中興の祖としての資格は十分なことは『日本書紀』の語る歴史の流れから説明できるのであって、新王朝になったからだという根拠にはならない。

まして、応神天皇が熊襲の王だとかいうなら、熊襲が大和を征服したことをもって建国史とすればよいのであって、大和朝廷の歴史に結びつける必要などない。

どうしてそのような小細工をしたかというと、『記紀』が書かれた八世紀には、「皇統は万世一系であらねばならない」という不文律がすでにあったので辻褄を合わせたのだという説について、「私はこの説はかなり説得力があるものと考えている」（P26）としているが、密室政治の時代でもあるまいし、もし編纂者たちがそういう事実を知っていたとしたら、当時の支配者層には広く知られているはずで、隠しても無駄なことではないか。

それに、『記紀』は神武天皇より前に大和の支配者がいたと言っているわけで、無人の土地に初めて国をつくったのが神武天皇と言っているのでないのだから、本当の初代を神の子と言えばいいだけのことだ。

仁徳天皇の子孫たちと倭の五王

応神天皇（15代）については、近世以降は、非常に重要な天皇だとされているが、これも、古代においてそうだったとは思えない。

神功皇太后が長く帝位にあったために、応神天皇の在位期間もそれほど長くなかったようであり、『**日本書紀**』における記述も簡略だ。のちに評価が高くなったのは、奈良時代から新興宗教として宇佐八幡の祭神である八幡神が信仰を集めるようになり、八幡神が応神天皇のことだとされ、さらに、清和源氏が氏神としたりして、軍神として武士の神様になってからのことではないか。

その次は仁徳天皇（16代）だが、難波高津宮において楼上から民の竈《かまど》から煙が上がっていないことを見て心配して、税の徴収をやめたら民力が回復したのを喜んだというエピソードが有名だ。ただ、これは、のちの世において儒教の教えが広まった結果、日本にも聖王がいたということで評価されるようになったという面が強いと思う。

仁徳天皇のあと、その子孫が、三世代九人にわたって帝位についたと『**日本書紀**』はしている。履中《りちゅう》、反正《はんぜい》、允恭《いんぎょう》、安康《あんこう》、雄略《ゆうりゃく》、清寧《せいねい》、顕宗《けんぞう》、仁賢《にんけん》、武烈《ぶれつ》（25代）である。

これらの天皇は、中国の南北朝時代の南朝の東晋と宋王朝と交流したと中国の正史に詳細に記載されている、いわゆる「倭の五王」はこのうちの仁徳天皇から雄略天皇までの六人のうち五人だ。それについては第二章で検討する。

とくに、倭王武であろうと多くの人が考える雄略天皇は、強力な大王だったらしく、『万葉集』でもその御製が冒頭に掲げられているほどである。

しかし、ライバルとなりそうな皇族を片っ端から殺したので、皇統は非常に細いものになってしまい、顕宗と仁賢の両帝は、播磨に牛飼いとして身を隠しているのを見つけ出されたとされている。

継体天皇は十中八九、皇位簒奪者と主張

仁賢天皇（24代）の子の武烈天皇は、暴虐で若死にしたので、近親では皇位継承者がなかった。そこで、実力者だった大伴金村《おおとものかなむら》らは、遠縁の王子たちから候補を探すことにして、最初は仲哀天皇の子孫、つまり応神天皇の異母兄の末裔である倭彦命《やまとひこのみこと》に声をかけた。

ところが、王子は差し向けられた軍勢を討伐に来たと誤解して逃亡してしまった。そこで、応神天皇から五世の孫で、近江の高島郡で生まれて、母親の実家である越前で育った男、大迹王《をほどのおおきみ》を選び迎えたというのである。これが継体天皇（26代）である。

しかし、継体天皇は大和国に入ることはできず、河内の樟葉《くずは》（枚方市）で即位したのち、山城の現長岡京市や京田辺市にあって、大和に落ち着いたのは十九年後のことだとしている。

これについて『**日本国紀**』は、

① 遠縁の人物で五十八歳という高齢であり、十九年も大和に入れなかったのはおかしい、

② 武烈天皇の非道ぶりが『**日本書紀**』に書かれているのは天皇の偉大な業績を記録するはずなのにおかしいが、

「王朝が入れ替わったとするなら、むしろ納得がいく」

とする。

そして、皇位簒奪は「十中八九そうであろうと思う」とし、現皇室は継体天皇から始まった王朝だろうとほとんど断言している（P31～32）。

さらに、なぜ、皇位簒奪者の継体天皇が新しい王朝を建てなかったのかと言えば、

「継体天皇の時代には、すでに『**万世一系**』という思想があった可能性が高い」

と言っている（P32）。

ただし、このあとの文意は取りづらく、継体天皇自身が「応神天皇の子孫と称した」のだと言いたいのか、「『**日本書紀**』の作者が継体天皇が簒奪者だと都合が悪いと思って粉飾した」と言いたいのか、どちらなのかよく分からない。

戦前の日本では、万世一系が当然とされていた。戦後は日本が特別な国だと思うと、また戦

争を起こすのでないかと心配して、皇統がどこかで断絶した可能性を発見できないかと歴史学者たちが勝手気ままな珍説を出すようになった。

とくに、江上波夫氏の「騎馬民族説」では、応神天皇が大陸からやってきた騎馬民族の首領だという東京大学教授らしくないロマンあふれる学説が唱えられた。これを自由党の小沢一郎氏はまだ信じていて、韓国での講演で「天皇家は韓国から来た」などと言って韓国人を舞い上がらせたことがあるが、トップクラスの政治家としてはお粗末の極みである。

また、九州王朝説などという突飛なものを別にしても、応神天皇（四世紀）と継体天皇（推定在位：五〇七？～五三一年）が新王朝を開いたと信じている人は今も多数派とまでは言えないが多い。しかし、そんなこと考える必要はまったくないほど『日本書紀』の記述は説得的だ。

継体天皇は推古天皇のお祖父さんでまだ現代史だった

継体天皇は応神天皇の五世の孫と言われる。つまり、曾孫の孫である。それならもっと近い候補がいたはずだと『日本国紀』は受け取っているようだし、同様に思う人がいるらしい。

さらには、越前の豪族であった継体天皇が、本来の出身地である近江や、妃の出身氏族である尾張氏などを糾合して、大和の王建を倒して政権を取ったなどと地方連合政権的なイメージまで語る想像力たくましい人もいる。

しかし、そうなら、継体天皇は『**日本書紀**』で華々しい英雄として描かれているはずであろう。ところが、同書の描く継体天皇は、およそ冴《さ》えない天皇で、大伴金村のロボットのようであるから、王朝創始者のはずがないと私は思う。

また、継体天皇即位以降も、朝廷の実力者は、大伴氏、蘇我氏、物部氏のような伝統的な大和の有力豪族であって「新王朝」だという越前や尾張の豪族が主流になった気配もない。それに継体天皇は、遠縁と言ってもかなりメジャーな皇族だった。なにしろ、父の従姉妹が允恭《いんぎょう》天皇（19代　四四〇年頃即位）の皇后であり、雄略天皇の母なのである。

さらに、応神天皇についても、継体天皇が即位したときに、応神天皇の子孫である継体天皇より先に声がかかったのが、仲哀天皇の子孫で丹波にあった倭彦王《やまとひこのおう》である。

つまり、応神天皇の子孫ではなかったのである。もし、応神天皇と仲哀天皇に血縁がなければ、応神天皇の子孫でない倭彦王が第一候補になりえたはずがないではないだろう。

『**日本書紀**』や『**古事記**』は奈良時代の初期に成立したものだが、それに先立ち、歴史の編纂作業は推古天皇（33代）の時から始まっている。

そして、その推古天皇は、継体天皇から数えて天皇としては七人目だが、その父は継体天皇の末っ子である欽明天皇（29代）である。つまり、継体天皇の即位の経緯は、推古天皇の時代にあって十分に現代史だったのであって、いい加減なことを書けないはずなのである。

そして、また『**記紀**』が編纂されたころの天皇の父親や祖父に当たる天智・天武天皇（38～39代）

も、継体天皇が越前にいたころに、尾張氏出身の夫人の間にできた子である宣化《せんか》天皇（28代）の娘と、欽明天皇の間に生まれた敏達《びだつ》天皇（30代）の孫である。

当時は、どうも三十歳くらいにならないと天皇に即位できない不文律があったように見受けられる。その例外は、跡取りがいなくなって困り果てていた時期の武烈天皇の即位だけである。

継体天皇が崩御したとき、皇統を引き継ぐべきと考えられたのは、仁徳王朝の血を引く仁賢天皇の手白香皇女《たしらかのひめみこ》を母とする欽明天皇だったが、若すぎた。そこで、越前から父と一緒にやってきた安閑・宣化両帝（27〜28代）があいついでショートリリーフとして即位した。

そして、満を持して欽明天皇が即位したのだが、その皇后は宣化天皇の娘であり、越前系のＤＮＡを残そうとしたのである。そして、欽明天皇を継いだのはこの夫婦から生まれた敏達天皇だった。

しかし、その後は、蘇我氏の台頭で同じ欽明天皇の皇子だが、蘇我氏の娘を母とする用明天皇や推古天皇が即位し、用明天皇の皇子である聖徳太子が皇太子となった。そこで、排除されたのが、敏達天皇の皇子だった押坂彦人大兄皇子《おしさかのひこひとのおおえのおうじ》である。

そして、推古天皇が非常に長生きしたので、聖徳太子は先に死んでしまい、欽明天皇の曾孫世代から、聖徳太子の子である山背大兄王《やましろのおおえのおう》と押坂彦人大兄皇子の子である舒明天皇が浮上し、性格的に問題がある山背王子が排除されて舒明天皇が即位した。

こういう経緯であるから、舒明天皇の子である天智・天武にとっても、その周辺の人々にとっても、継体天皇の即位の経緯は、非常に鮮烈に記憶として残っており、また、百済や新羅などの人もよく知っていたはずで、そんなひどいウソは書けなかったと思う。

現代のわれわれは、ともすれば、時代の長さを測るのに、その間の天皇の数で考えがちだが、現実の時の流れと人々の記憶は世代数でこそ図るべきものだと思う。

いずれにせよ『**日本国紀**』が「万世一系の否定」をなぜ行ったのか不思議である。

古代には三十歳以下での皇位継承はなかった

皇位継承について『日本国紀』は、応神天皇と継体天皇の新王朝説を断定的でないが支持しているほかは、天智天皇と天武天皇が兄弟ではないという説にも理解を示している。ただ、ではどうかとか、そうだとすればどうなのかということには触れておらず、単なる脱線で終わってしまっているのは残念だ。

天武天皇の生年が書かれておらず本当に兄弟なのか疑問視する人もいるが、なぜなのか、説得力ある説明をしている人はいないというだけのことだと思う。

ここのところは、『日本国紀』の記述とはあまり関係ないのだが、古代における皇位継承について少し私の考え方を書いておきたい。

そもそも、古代における皇位継承がいかなる論理で行われたかを『日本書紀』は説明していないので、推測するしかないのだが、私の見るところ、だいたい、三十歳以上であることをひとつの目安にしており、その例外はほかに適任者がいなかった武烈天皇のみである。また、母親の出自が非常に重要視された。生前の譲位の習慣はなかった。三十歳なら当時は平均的寿命が二十年もないわけだし、寝たきりで何年も生きられる時代でもないので、譲位など必要としなかったのだ。

女性天皇は、神功皇太后は帝位にあったというのが、大正十五年までの認識だったのだから、推古天皇が初の女帝ではないし、顕宗天皇や欽明天皇の即位の時には、女帝も候補に挙がっていたことが『日本書紀』にも書かれており、女性天皇はありえないという意識はそもそもなかったのである。

むしろ、文字の時代になり、そして、律令制が施行される以前には、未亡人である皇后が君主であることも自然に受け入れていたのであって、それが天皇であるとかないとかは意識しなかったのではないか。

個人商店でご主人の死後に未亡人が経営者になっても、肩書きはご主人の生前と同じ「女将さん」のままである。しかし、株式会社になったら未亡人が代表取締役社長を名乗ることになるのと同じようなことだったように見える。推古天皇のころになると、海外との外交も盛んになり、君主は誰だとはっきりしないといけないという意識が出てきたということではないか。

また、譲位が初めて行われたのは、皇極天皇から孝徳天皇に対するものだが、これは、海外で譲位という習慣があることを知り、日本でも採り入れたらという機運が高まっていたのではないか。

そういう原則を頭に置けば、謎とされているものもだいたい解決してしまう。たとえば、蘇我入鹿が皇極天皇から古市皇子への譲位を迫っており、これに危機感をもった皇極天皇と中大兄皇子《なかのおおえのおうじ》が起こしたのが大化の改新であったとすればすべての謎は解ける。しかし、中大兄皇子はまだ二十歳過ぎだったので、皇極天皇の兄弟である孝徳天皇が中継ぎとして即位したと見ている。

天智天皇の後継者は、皇子たちの母親の出自がよくないので、大友皇子の継承が当然視されていたが、大友皇子の出来が良いので、天智天皇が迷い始め、身の危険を感じた大海人皇子《おおあまのおうじ》が隠遁した。しかし、卑しい出自の兄弟に我慢できない持統天皇が天武天皇を鼓舞して起こしたのが壬申の乱だと思う。

そういう経緯なので、天武天皇と持統天皇の子である草壁皇子に継承させることが至上命令であり、そのために過去の諸原則は無視された。それでも草壁皇子は、まだ若いというので、持統天皇が摂政のようなかたちで政務をみているあいだに草壁皇子は死んでしまった。そこで持統天皇が緊急避難的に即位し。そのあとかなり無理をして文武天皇や聖武天皇が即位したり、女帝が多くなったりしたのだと思う。

よく天武朝というが、正しくは、天武・持統朝であって、壬申の乱も天智・天武の兄弟の争いではなく、弘文・持統の姉弟による天智の跡目争いと私は見ている。だからこそ、いわゆる天武天皇の皇子である舎人親王《とねりしんのう》によって編纂された『日本書紀』で、中大兄皇子（天智天皇）による大化の改新が非常に重要な事件として扱われ、逆に天武天皇に対する評価は低いと見るべきだ。

そのように、いちど原則が破られると、天皇自身の知識経験は必要でないということになり、幼児での即位とか院政とかいうことがやりたい放題になり、平安時代の摂関制や院政に結びついたのだと思う。

第二章

戦後史観に近い『日本国紀』の古代史

~九州王朝説などにも共感を示す

『日本書紀』は非常に説得性の高い史書だという理由

『**日本国紀**』の万世一系否定論で、愛国者である百田尚樹氏まで否定的だというので動揺し心配している方に、前章の私の万世一系肯定論はお気に召しただろうか。

もちろん、神武天皇に始まる皇統譜を間違いないとして立証するのは無理である。司馬遷の「史記」に描かれた殷《いん》の時代の記述が正しいと確定したのは、同時代の甲骨文字が殷墟から出土し、内容が一致したからだが、四世紀以前の日本では文字はほとんど使われていなかったから、そういう遺物が発見されることはほとんど考えられないからだ。

だから、私が主張できるのは『**日本書紀**』に書かれている皇統譜は、いちおう矛盾なく説明できる内容なのであるから、史実である可能性が高いということまでである。

もちろん、同書の歴代天皇に関する記述は、そのままでは史実としてあり得ない。なぜなら、歴代天皇の寿命が異常に長くて真実と思えないからである。

そこで、実際はどうであったかという推理はいろいろあって、一定の法則で水増しされたと言う人もいる。しかし、私は暦のない時代だから、それには否定的で、歴代天皇の寿命を『**日本書紀**』に書かれている伝記や外国の史書や考古学的な成果も参考にしながら、適切な長さに修正して、それで矛盾ない歴史として説明が可能であるかどうかを緻密に検証してみた。

そして同書の系図と事跡は、①少なくとも荒唐無稽でないし、②ウソを書いたのだという動機も説明できておらず、③ほぼそのまま信頼できると結論づけた。

『**日本国紀**』が万世一系を応神天皇（15代）も継体天皇（26代）も新王朝の可能性が高いとしてほとんど確定的に否定してしまったことは第一章で書いた。

なんと、日本人は七世紀のころから、史実とは違うのに、万世一系の国であると信じていたというのである。もちろん、それでも一千数百年にわたって同一家系の男系男子による皇位継承が継続しているのはすごいことだし、日本人がそれを誇りにしていることは素晴らしいということらしいが、あまり魅力的な説明ではない。

しかし、それ以上に残念なことは、『**日本国紀**』は、統一日本国家の成立そのものが、かなり新しいと考えていることだ。

「三世紀から六世紀にかけての日本の王朝のことは、今のところよくわかっていないのが実情である」（P28）として、普通に考えられている四世紀ごろにおける大和朝廷による全国統一についても肯定的でなく、四世紀半ばと推定される神功《じんぐう》皇后の「三韓征伐」はもちろん、五世紀後半の倭の五王の中国南朝への使節派遣まで大和朝廷でなく九州王朝だという古田武彦氏の説に理解を示したりしている。

好太王碑を根拠に「日本軍が高句麗に敗れたことはたしかなようで」（P24）とも言っている。しかし、百済《くだら》はその後も日本の同盟国になったはずだから、とりあえず、押し返されただけだ。

また『**日本書紀**』など日本の史書だけでなく、中国の史書の資料価値についても、全般的に低い評価しかしていない。そうなると、日本国家の歴史は推古天皇のころ以前のことはよく分からないという、かなり極端な戦後史観の先鋭的な人たちと同じになってしまうわけで、『**日本書紀**』に記されている建国史は、年代のずれ以外は信頼に値すると主張して、反天皇制的な発想で歪曲された歴史観と戦ってきた私たちからすれば遺憾の極みである。

『**日本国紀**』は、一方、旧石器・縄文・弥生といった時代については、国の歴史ではないとして、簡単にすませているのも特徴だ。西尾幹二氏の『**国民の歴史**』（産経新聞ニュースサービス、文春文庫）など、保守派の論客の語る日本史にあっては、日本民族の大陸に対する独自性を強調するあまり、縄文時代を重視することが多いのだが、そういう発想はなく、現代の常識に沿っている。

皇位継承図（その2）

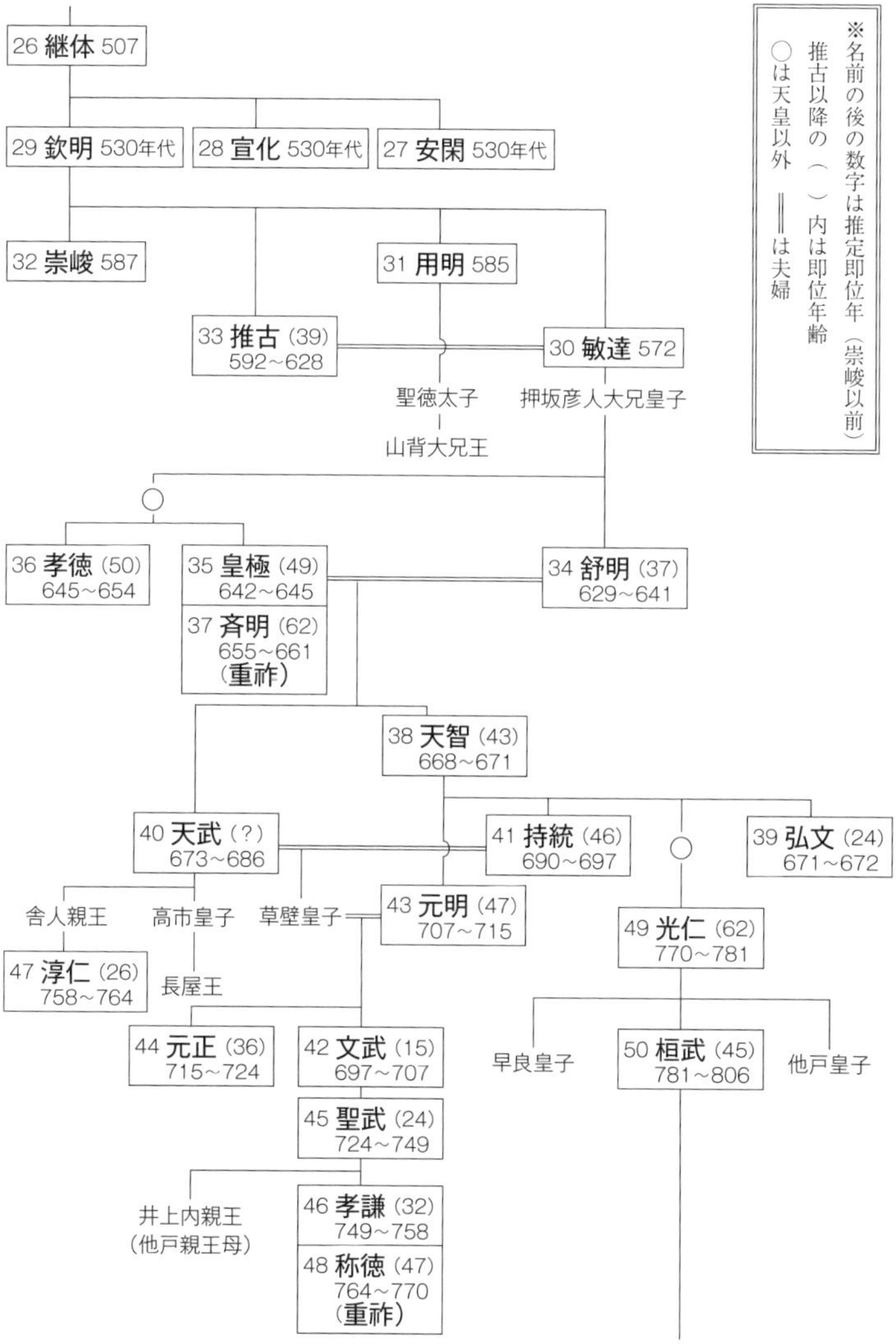
※名前の後の数字は推定即位年（崇峻以前）
推古以降の（　）内は即位年齢
○は天皇以外　＝は夫婦
26 継体 507
29 欽明 530年代
28 宣化 530年代
27 安閑 530年代
32 崇峻 587
31 用明 585
33 推古 (39) 592～628
30 敏達 572
聖徳太子
山背大兄王
押坂彦人大兄皇子
36 孝徳 (50) 645～654
35 皇極 (49) 642～645
37 斉明 (62) 655～661 (重祚)
34 舒明 (37) 629～641
38 天智 (43) 668～671
40 天武 (?) 673～686
41 持統 (46) 690～697
39 弘文 (24) 671～672
舎人親王
高市皇子
草壁皇子
43 元明 (47) 707～715
49 光仁 (62) 770～781
47 淳仁 (26) 758～764
長屋王
44 元正 (36) 715～724
42 文武 (15) 697～707
早良皇子
50 桓武 (45) 781～806
他戸皇子
45 聖武 (24) 724～749
井上内親王
(他戸親王母)
46 孝謙 (32) 749～758
48 称徳 (47) 764～770 (重祚)

	御号		推　定 即位年	推定 生年	日本書紀による記述				
					在位	在位 年数	即位 年齢	退位 年齢	生没年
1	神武	じんむ	1〜2世紀		前660-前585	79	52	127	前711-前585
2	綏靖	すいぜい	1〜2世紀		前581-前549	32	52	84	前632-前549
3	安寧	あんねい	1〜2世紀		前549-前511	38	29	57	前577-前511
4	懿徳	いとく	1〜2世紀		前510-前477	67	44	77	前553-前477
5	孝昭	こうしょう	2世紀		前475-前393	80	32	114	前506-前393
6	孝安	こうあん	2世紀		前392-前291	102	36	137	前427-前291
7	孝霊	こうれい	2世紀		前290-前215	75	53	128	前342-前215
8	孝元	こうげん	3世紀前		前214-前158	56	60	116	前272-前158
9	開化	かいか	3世紀前		前158-前98	60	51	111	前208-前98
10	崇神	すじん	3世紀中	210	前97-前30	67	52	119	前148-前30
11	垂仁	すいにん	3世紀後	235	前29-後70	98	41	139	前69-後70
12	景行	けいこう	300頃	260	71-130	59	84	143	前13-後130
13	成務	せいむ	4世紀前	265	131-190	59	48	107	84-190
14	仲哀	ちゅうあい	4世紀中	310	178-200	28	?	?	?-200
	神功	じんぐう	346	390	201-269	69			170-269
15	応神	おうじん	380頃	346	270-310	40	71	111	200-310
16	仁徳	にんとく	400頃	370	313-399	86	57	143	257-399
17	履中	りちゅう	430年代	395	400-405	5	?	?	?-405
18	反正	はんぜい	430年代	400	406-410	4	?	?	?-410
19	允恭	いんぎょう	440頃	405	412-453	41	?	?	?-453
20	安康	あんこう	460頃	430	453-456	3	53	56	401-456
21	雄略	ゆうりゃく	460年代	435	456-479	35	39	62	418-479
22	清寧	せいねい	490年頃	455	480-484	4	37	41	444-484
23	顕宗	けんぞう	490年代	450	485-487	2	36	38	450-487
24	仁賢	にんけん	400年代	455	488-498	10	40	50	449-498
25	武烈	ぶれつ	500年頃	475	498-507	8	10	18	489-507
26	継体	けいたい	507	460	507-531	24	58	82	450-531

中韓正史・日本書紀・広開土王碑文から推定する確定年代

日本書紀にも書いている百済王から神功皇太后への七支刀の贈呈は銘文があるので369年が有力。そうすると346年の新羅首都包囲がいわゆる三韓征伐の有力な年である。つまりこのころ直前に仲哀天皇が死んで、直後に応神天皇が誕生となる。中国南朝の宋書では、倭王珍を倭王讃の弟としており、それだと讃は履中ということになるが、日本書紀でも履中は５年、反正は４年のみの在位である。また、日本書紀は仁徳と南朝との交流を記しており、讃（仁徳）が死んで履中が嗣いだがすぐ死んだので珍（反正）が即位して使いをよこしたといったのを勘違いしたとみるのが最も自然だろう。

346			神功	倭軍が新羅の首都である金城を包囲（新羅本紀）
369			神功	百済王が七支刀を神功皇太后に贈る
391				倭国新羅・百済を臣民に（広開土王碑）
393				倭軍が新羅の首都である金城を包囲（新羅本紀）
396				広開土王が倭の臣民百済を討つ
400				広開土王が新羅救援のため倭軍を追って任那加羅に進出
404				倭が帯方郡（ソウル北方？）に侵入したので討つ
413年	東晋	讃	仁徳?	東晋・安帝に貢物を献ずる。（真偽不明）
421年	宋	讃	仁徳?	武帝から除綬の詔をうける。
425年	宋	讃	仁徳?	司馬の曹達を遣わし文帝に献ずる。
438年	宋	珍	反正	倭王珍（讃の弟）自ら「使持節都督倭・百済・新羅・任那・秦韓・慕韓六国諸軍事安東大将軍倭国王」と称し正式の任命を求めるが安東将軍倭国王とする。
443年	宋	済	允恭	安東将軍倭国王とされる。
451年	宋	済	允恭	「使持節都督倭・新羅・任那・加羅・秦韓・慕韓六国諸軍事」を加号され、のちに、安東大将軍とする
462年	宋	興	安康	済の世子の興を安東将軍倭国王とする。
478年	宋	武	雄略	自ら開府儀同三司と称し叙正を求めたので「使持節都督倭・新羅・任那・加羅・秦韓・慕韓六国諸軍事安東大将軍倭王」とする。
479年	南斉	武		倭王武を鎮東大将軍（征東将軍）に進号（使節派遣なし）。
502年	梁	武		倭王武を征東大将軍に進号する。（使節派遣なし）

旧石器・縄文・弥生時代には関心を示さない『日本国紀』

『日本国紀』では、日本列島に人が住み始めた経緯や縄文時代、弥生時代についての記述は簡単であるし、戦後学会の通説的な見解とそれほど差はなく、毒がなく少し物足りない。

「私たちの歴史はどこから始まるのか。これは簡単なようでなかなか難しいテーマである。現代の研究によれば、日本列島に人が住み始めたのは旧石器時代と呼ばれる数万年前と言われているが、だからといって日本に数万年の歴史があるとはいえない。これらは考古学の分野であり、『歴史』というからには、厳密には文字による記録が残っている時代、あるいは日本という国家体制のようなものが整った時代以降というべきであろう」（P９）

と、その理由を第一章の冒頭に書いているが、これはひとつの見識だと評価したい。

ただ、朝鮮半島と陸続きだったような前提に立つように見える記述があるが、最近では、浅い海だったと言う人が多いと思う。

旧石器時代についてはほとんど記述はない。これについては、戦後、アマチュア歴史家の相沢忠洋氏による岩宿遺跡の発見で、その存在が確認された。

その後、ゴッドハンドと言われた人による連続的な遺跡発見で世界でもたぐいまれな旧石器時代があったと言われたが、これが偽装であったとして話題になった。いまでは、日本にも縄文時代前に人は住んでいたが、たいしたことはなかったということになっている。**『日本国紀』**は、日本人の祖先の多数派が縄文人か弥生人かについては、曖昧で踏み込まず、分からないという立場だ。さらに、

「縄文人は、『生物・無生物に限らず万物に霊魂が宿る』というアニミズムの思想を持っていたが、その思想は弥生時代にも受け継がれた。

稲作は多くの水を必要とするため、人々はそれまで生活していた小高い丘から、川の流れる平野部や湿潤地帯に移り住んだ。稲の収穫が天候に大きく左右されることから、『自然界の全てに神が宿る』という日本独特の信仰文化へと発展していく」（Ｐ14〜15）

というのもバランスのとれた見解だ。

そして、紀元前後からクニができはじめたが、**『魏志』「倭人伝」**にも、「『風俗は乱れてない』『盗みはしない』『争いごとは少ない』」民族だとされていることが誇らしげに書かれている（Ｐ16）。

保守派が縄文時代が好きな理由

普通は、保守派には純血主義が好きで縄文人だと言い切る人が多い。西尾幹二氏の**『国民の歴史』**がその典型であって、「稲作文化を担ったのは弥生人ではない」（Ｐ72）と断定している。

それに比べて『**日本国紀**』がそういう偏屈な意見に傾かなかったのはよいことだ。

私は日本人の主流は弥生人という考え方だ。平安時代以来、日本文化の主流とされたのは、京都のやさしい四季の移ろいを愛《め》でることを規範とする「古今集」的な世界であり、農耕の神である神道の世界も、どう見ても弥生的である。

縄文人説が好まれるのは、東国発祥の武士の気風や戦前の軍国主義的な気分のなかでは、軟弱な西日本の文化より、剛毅な東日本の気風を良しとした人が多かったからだと思う。『**国民の歴史**』の口絵として二十三枚の彫刻が掲げられている。そのうち十一枚の天平彫刻と十枚の鎌倉彫刻、そして江戸時代の円空の作品で、いずれもおっかない憤怒の表情のもの中心だ。平安時代や室町時代の優雅で優しいものはお呼びでないようで、ずいぶん偏った日本文化論だと感じた。

さらに、縄文人を先祖として重視するのは、戦後にあって大陸の領土を失ったこともあり、日本人は孤立して平和に暮らすのが本来のあり方だと言いたい戦後史観全盛の時代の気分が後押ししている。また、自分たちを侵略者でなく先住民の子孫だと右翼も左翼も考えたがるのは世界共通の心情で、それも縄文人が好きな理由なのだ。

しかし、戦後、都市開発で考古学的発見が相次いで、人骨でも、弥生時代の開始とともに、背が高く顔が細長い弥生人が優勢になったことが明らかになっている。

近年は、遺伝子に注目した分析が出来るようになり、ミトコンドリア、Y染色体、人骨などさまざまな手法が有り、得られる推論は少しずつ違うが、現在の日本人の主流は、中国人や韓国人と同じ系統だということがほぼ確定的である。

中国や韓国と違って、日本は島国なので、大陸からの人口流入は、いつの時代にもコンスタントにあったのでなく、何度かの波があった。そして、日本人には縄文人的な流れと、弥生人的な傾向が明白にあって、南九州・沖縄や東北・北海道ではっきり縄文人的な要素がほかの地域より強い。

もし、縄文人が農耕民化しただけであるというなら、このような明確な地方ごとの差異はないはずだ。

弥生人と縄文人の壮絶な戦いの痕跡が少ないのは、西日本では縄文後期には、ひとつの府県の人口は数百人くらいだったはずで、狩猟採集をする先住民と海を渡ってきた農民の土地を巡っての正面対決といったことにはならなかったからだと思う。

そして、縄文人も徐々に農耕を学び同化していったのも確かだだが、縄文人の八割が住んでいたとみられる東日本では、ヤマトタケルや坂上田村麻呂《さかのうえたむらまろ》の活躍のように、先住民との厳しい対立もあったわけで、平和的に農業社会に移行したとは限らないのである。

私は、弥生人が現在の日本人の先祖として主流だという考え方だが、日本語を生み出したのは縄文人だとか、縄文文化の影響が弥生人たちにも引き継がれたことについては異議はないし、そこは正しいと思う。

弥生人や稲作については、私は江南地方の住人が、朝鮮半島沿岸を伝ってやって来たのが主流という説だ。朝鮮半島、とくに北部は寒冷で稲作に向かず、半島はほとんど素通りで日本列島のほうで先に稲作は普及したと見るべきだ。朝鮮半島で栽培されていた古い稲は中国江南地方と日本で共通して栽培されていたものとは別系統であって、朝鮮でまず稲作が定着し、日本に伝わったということは学問的にも否定されている。

もちろん、半島で栽培が試みられたことはあったかもしれないが、寒冷のために根づかず、日本列島で先に稲作は普及したと見るべきだろう。

近年の教科書、とくに最も左派的な「学び舎」のものでは、稲作や鉄が朝鮮半島から伝わったとされているが、どうしても、朝鮮半島を先進地域にしたいことで無理な誘導をしている。

一方、『日本国紀』も断定はしていないが、半島経由という説に沿っているように見え、このあたり、韓国人にありもしないことで恩着せがましくされないように、日本の国益を守るためにも、「半島経由とは言えない」とはっきりと論じて欲しかったと思う。

戦後史観に近い立場で大和朝廷を否定

『日本国紀』は、

「三世紀から六世紀にかけての日本の王朝のことは、今のところよくわかっていないのが実情

である」（Ｐ28）

とあっさり片づけている。そして、次の見方を紹介し、戦後史観の支配する歴史学会の見方を、おおむね容認しているようだ。しかし、これは「保守派」と言われて論壇で活躍している著名人としては、ずいぶんと思い切った割り切りだ。

「かつての歴史教科書では、四～六世紀を『大和時代』とか『大和朝廷時代』と呼んでいたが、近年の考古学研究の進展により、この時代は必ずしも大和朝廷が日本を統一していたわけではないという見解が一般的になり、同時代を『古墳時代』と呼ぶようになった。その王朝は『ヤマト政権』と呼ばれることが多い」（Ｐ28～29）

また「大仙陵古墳（伝仁徳天皇陵）」と表記し（Ｐ29）、宮内庁がつけている名称通りの被葬者かどうかは怪しいと強調しているが（Ｐ30）、宮内庁にとってはあくまでも仁徳天皇陵が公式名称であり、陛下の先祖のお墓として管理しているのである。

もちろん、被葬者は諸説あると書くのもいいが、実際の被葬者がどうであれ、名称くらいは皇室に敬意を示すべきというのが、皇室を大事にする立場からは当然だと思うだけに、違和感がある。

では、どうして『**日本国紀**』がそういう迷走をしているかということだ。それは、著者がさまざまな史書についてそれぞれどういう部分が信用できて、どういうところは信用できないか、きちんと分析をし、切り分けをしていないからだ。

『**日本国紀**』は、

「『**魏志**』および『**古事記**』と『**日本書紀**』を参考にしながら、私なりの解釈を加えて歴史を見ていく」（P8）

としているが、文献資料への評価の低さが際立ち、ほとんど確実なことは何もないという前提で、作家らしい想像を巡らして、断定は避けつつではあるが、有力な可能性は何かを独自の見解で語っている。

たしかに、史書はそのままでは信用できない。しかし、たとえば、私には官僚経験者として古代の官僚たちがどのようにして史書を綴っていったかに思いを巡らしたとき、信頼できるところと当てにならないところがどこかは推察がつくのである。

彼らが持っていた情報の正確性はどうかとか、なんらかの意図でバイアスをかけたなど、手にとるように見当がつく。それは、医師が歴史上の人物の病気についての記録を見たとき、歴史学者よりよくわかることが多いのと似ている。

たとえば、中国の史書は、洛陽《らくよう》の都でいつ何があって、どういう情報がもたらされていたかについては、ほぼ正確に記している。だから、卑弥呼の使いがいつ来て、どんなことを言ったかなどは正確なのである。

しかし、朝鮮半島にあった帯方郡《たいほうぐん》の長官から倭国の状況はこうだと「報告があった」ことは事実でも、その「内容」の信頼性は低い。もちろん、卑弥呼の使いが言った倭国の状況が本当かどうかも分からない。

現代でも、たとえば、大使館から本省への公電など自分たちの活躍を際立たせて歪められている。また、文字がまだ使用されていない日本について、聞き語りで得た情報の正確さは低いものだ。また、通訳の間違いの頻度も高いはずだ。

逆に『**日本書紀**』などについては、何世紀かあとになってから人々の言い伝えが頼りなので、年月日など正確であることは難しい。

しかし、正史として書かれ、七世紀終わりごろにおいて可能な限りの資料にあたり、衆知を集めて議論して結論を導き出している。

それは、広く内外に配布されたから、国内でも多くの人がそれなりに納得するものでなければならないし、海外でも荒唐無稽などと言われたら何の意味もない性格の文書だ。

系図とか、誰と誰が同盟したり対立していたとかいうことは、そんな簡単に記憶が風化するとは思えない。また、意図的に記憶と違うことを書いたとしたら、なぜ批判覚悟で嘘を書いたかの動機を説明すべきだ。

たとえば、皇室の先祖が日向から来て大和国で小さなクニの王となったとか、武烈天皇（25代）の崩御のあと近親の継承者がおらず、越前から継体天皇を迎えたとか、嘘でそんなことを書く理由がないだろう。

あるいは、聖徳太子が立派な人でもなかったのに、聖人のように描くとすれば理由があるはずだし、それも思いつかないのに架空の人物だとか言っても説得力がない。

あとで説明するが、聖徳太子は天智・天武両帝にとって祖父の仇敵だった人物だったのであって、これを『**日本書紀**』が史実より高く評価し称賛する動機はまったくない。

そのあたりを考えていけば、史書に書かれていることの真偽はかなり判断可能なのだ。

考古学重視というのにも、私はかねがね疑問をもっている。考古学はいわば事件捜査でいえば鑑識である。もちろん、動かない証拠が出れば別だが、『**魏志**』「**倭人伝**」に描かれているイメージに近い遺跡は畿内が多いとか、出土している銅剣はどの地域が多いからそこがいちばん栄えていたのでないか（P21）などということをつなぎ合わせても、若干の補強材料になるだけだ。

墓が立派だから強い王だったなどという法則はないし、現在どこかの県でいちばん多くの遺物が見つかっているとしても偶然でしかない。二十年くらい前には、出雲では出土品が少ないから古事記などで出雲が重視しているのは謎だったが、新しい遺跡が見つかって、数字は逆転した。

あるいは、旧石器時代の遺物のように、ほとんどの出土品が偽造だったということもあり、現在の常識というものの信頼度が極めて低い分野だ。

ともかく、考古学ほど「通説」がよく変わる学問もないわけで、彼らがこうだという通説が、たとえば、半世紀後に維持される確率はかなり低いから、参考材料以上にとらわれるべきではないのだ。

それなら、文献の専門家などほかの歴史学者はどうかといえば、これもあまり信用できない。彼らの仕事で大事なことは世の中で新説の提唱者として脚光を浴び評価されることだ。

だから「『**日本書紀**』に書いてあることは正しい」などと言っても評価されないからそういう説は唱えない。また、反天皇制的、場合によっては、中国・韓国・北朝鮮の言い分を補強することを言えば、左翼・反日分子が支配する学会では拍手喝采されるのである。

しかも、歴史学者はだいたい、政治外交行政の実務や経済には弱いと来ている。私が古代史の分野で論壇デビューしたのは一九八九（平成元）年の「霞ヶ関から邪馬台国を見れば」という『**中央公論**』十二月号誌上（P300～311）での小論だが、そこで指摘して、歴史ファンの間でそれなりの話題になったことのひとつが、

「歴史学者は卑弥呼が中国語の読み書きができたがごとき前提で議論しているが、おかしいのではないか」

という論点だった。現代の外交でも、外国語での書簡を大臣が確認するわけがない。まして漢字伝来前の邪馬台国で女王が内容を詳細に把握した文書が書かれたはずがないのだが、学者たちはそういうことに気づかない。

古代天皇の実年代はおそらくこうだ

ここで本来なら、『**日本国紀**』が国家統一過程をどう捉えているか紹介したいのだが。いろんな推測が並んでいるものの、全体としてのストーリーは不明として提示されていない。

そこで、私が『**日本書紀**』に書いてある出来事の実年代をどう推定しているかの仮説を先に紹介して、そののちに、それと『**日本国紀**』がどう違うかを紹介したい。

『**日本書紀**』には、仁徳天皇（16代）と雄略天皇（21代）のときに中国から使節が来たという記録がある。そして、中国南朝の史書にも、同じころに、倭の五王（讃《さん》・珍《ちん》・済《せい》・興《こう》・武《ぶ》）による使節派遣があって、朝鮮半島における支配権を認める官職を追認して欲しいと言ってきたとある。そして、そのなかでも、四七八年に倭王武が提出した上表文は、内容が具体的で、最古の日本の大王の肉声といってよい。

三世紀の卑弥呼の手紙などというものがあったが、内容も形式的で、まだ日本に文字も伝わっていなかったころのことなので、おそらく中国の皇帝に面会するときに書状くらいないと様《さま》にならないというので、洛陽でか、あるいは途中の帯方郡で作成されたものだろう。

しかし、五世紀の後半には、帰化人なども朝廷に入ってきているので、朝廷において大王の意向を反映して文章が練られた可能性が強い。

そこで、倭王武は、

「昔からわが祖先は、みずから甲冑をつけて、山川を越え、安んじる日もなく、東は毛人を征すること五十五国、西は衆夷を服すること六十六国、北のほうの海を渡って、平らげること九十五国に及んでいます」

と書いている。

つまり、大和朝廷が列島の中で東と西に同じくらいの地域を従え、さらに、海を渡ってかなりの土地を支配するに至っていると自ら中国の皇帝に口上しているわけだから、倭王武は畿内において創建された王朝だったということは動かしようがない。

そして、倭王武は高句麗の侵略に対抗するために、朝鮮半島南部についての支配権を認めるように要請しているのだが、それについては、次章で紹介するが、ちょうど、この三年前に、高句麗が百済の王城である慰霊城（ソウル近郊）を攻略する事件があり、雄略天皇は任那のうち熊津（公州）を下賜して新しい本拠とさせたと『**日本書紀**』にある。そういう緊迫した情勢にあって、南朝に使節を送ってこのような要請をしたのは、辻褄が合う。

その意味で、倭王武と雄略天皇が同一人物であることはほぼ間違いなく、『**日本書紀**』の内容の実年代を推定するうえで、基準年のひとつになると考えている。

いわゆる倭の五王を『**日本書紀**』にあるどの天皇に特定するかは、少しややこしい。仁徳天皇、履中天皇、反正、允恭、安康、雄略の六人の天皇のうち一人を抜かなくてはならないからだ。また、中国の史書と『日本書紀』にある歴代天皇の系図が少し齟齬がある。

だから『日本書紀』も中国の史書も信用できないと『日本国紀』は言うのだが、こういうことは、中国側で間違って認識していたかもしれないし、日本側の伝承が間違ったまま『日本書紀』に書かれたことも両方考えられる。

私はどちらかというと、『日本書紀』の方が正しいと思うが、そのあたりが大和朝廷による統一や大陸進出のプロセスを考えるうえでそれほど重要とは思えない。

いずれにせよ、大事なことは、『日本書紀』に書かれている系図とか歴代天皇の事跡が真実だとしたら、中国や韓国の史書や、好太王碑の内容、さらには、考古学的知見とひどく矛盾するようなことはないということが大事なのだ

正史が存在し、長すぎる寿命をノーマルなものに調整しただけで、問題なく辻褄が合うのなら最も信頼すべき資料のはずである。にもかかわらず、嘘に違いないとか、皇統断絶や王朝交替があったと決めつけるような歴史観は、世界中どの国の歴史を論じる場合にもない異常な発想だというのが私の主張だ。

崇神天皇は卑弥呼の娘・壹與と同世代だ

五王以前の出来事の実年代については、私はこう考えている。

中国の史書の記述から推定すると、最初の倭王讃（仁徳天皇または履中天皇とみられる）の崩御は四三〇年代あたりらしい。しかし、それ以前の時期の日本の出来事は中国の史書には記述がない。そこで、好太王碑や大和石上神社の国宝・七支刀、それに、韓国の『**三国史記**』から推定するしかない。

大和石上神社の七支刀は、百済王が倭王に献上した木の枝のような形をした刀だが、『**日本書紀**』で神功皇太后に贈られたものとされている。正確な判読が困難だが、太和四年（中国南朝東晋の年号。西暦ではおそらく三六九年）と思われる銘が彫られていて、このことから、この時代までに大和朝廷が百済と外交関係をもっていたことが推定できる。

また、満州吉林省集安市にある「好太王碑」には、

「新羅や百済は高句麗の属民であり朝貢していたが、倭が三九一年に海を渡ってきて百済や加羅や新羅を破り、臣民となしてしまった」

とある。

さらに『**新羅本紀**』には倭人が紀元前五〇年を最初として、何度も新羅の海岸地帯を侵し、

とくに、三四六年、ついで三九三年には首都だった金城（慶州）を包囲したとある。こうした記録と『日本書紀』の記述を総合的に解釈すれば、少しの年代のずれはあるが、仲哀天皇の死、神功皇后の三韓征伐、応神天皇の死は、『新羅本紀』が倭が攻めてきたとしている三四六年に近い年代と見られる。

だとすると、応神天皇の誕生と、その息子の仁徳天皇、あるいは孫の履中天皇の死の差は約九十年であり、倭王讃が仁徳天皇なら、たとえば、応神天皇が三十歳のときに生まれた子供で六十歳まで生きたということで説明がつくし、履中天皇なら親と子の年齢差平均二十年で履中天皇の死んだ時の年齢四十歳になるが、いずれも不自然ではない。

さらに、崇神天皇やヤマトタケルの活躍の年代を逆算していくと、応神天皇と仲哀天皇の年齢差は、三十歳以上は離れていそうだ。応神天皇が生まれる前に仲哀天皇は死んでいるし、半島から凱旋してきた神功皇后が畿内に戻ってきたときに、近江の志賀高穴穂宮《しがのたかあなほのみや》にあって抵抗したという麛坂皇子《かごさかのみこ》、忍熊皇子《おしのくまのみこ》というおそらく成人した異母兄がいたからだ。

仲哀天皇は景行天皇の子であるヤマトタケルの子だが、ヤマトタケルが比較的若くして死んだらしいことを考えると年齢差は比較的小さそうだ。ヤマトタケルも、弟の成務天皇が即位していることなどから考えて、父である景行天皇の比較的若いころの子供の可能性が高い。

つまり、景行天皇の全盛期で、ヤマトタケルが活躍して大和朝廷の勢力が九州の一部や関東にまで広がり始めたのは四世紀初頭であり、その景行天皇の祖父にあたる崇神天皇の全盛期は三世紀の中ごろになる。卑弥呼の宗女である壹與《いよ》と同世代だろう。

そのあたりを総合して、誕生年を推定してみると、仲哀天皇と応神天皇の差は少し大きくとって三十六歳にして、あとは二十五歳の時の子供だとすると、仲哀天皇は三一〇年、ヤマトタケルが二八五年、景行天皇（12代）が二六〇年、垂仁天皇（11代）が二三五年、崇神天皇（10代）が二一〇年の誕生ということになる。

そこから大和朝廷の統一過程を推定すれば、大和統一が二四〇年、吉備や出雲を支配下に置いたのが二六〇年、ヤマトタケルの活躍が三一〇年前後、仲哀天皇の筑紫進出と列島統一と応神天皇の誕生が三四〇年代あたりだ。

邪馬台国九州説だが詳細は論じていない

『魏志』「倭人伝」における記述によると、光和年間（一七八〜一八四）に卑弥呼が女王となり、二三九年に初めて使節を魏に派遣して親魏倭王の金印と銅鏡百枚を与えた。二四〇年には帯方郡から使者が倭国を訪れ、詔書、印綬を拝受させ、二四三年に卑弥呼は使節を魏に派遣した。

さらに、二四七年に帯方郡に使節を送り「狗奴国との戦いで困っているので救援を」と要請した卑弥呼に、直接的な派兵や武器援助はしないが、詔書や黄旗だけ与えたが、二四八年ごろに卑弥呼は死んだようだ。

そのあとには、男の王が立ったが、国は収まらず、卑弥呼の宗女「壹與《とよ》」を十三歳で王に立てると収まり、二六五年に倭から西晋に使いが来たが、それっきりで消息が途絶えている。

これだと卑弥呼が十歳くらいの娘をのこして死んだわけだから、かりにそのとき四十歳だったとしても、中国の史書で一八〇年前後に即位したというのと、そもそも、辻褄が合わない。

卑弥呼の即位年か壹與の年齢が誤っているか、壹與が卑弥呼の実子でないかのいずれかとするしかない。

いずれにせよ、壹與が女王だった時期が崇神天皇の在世中あたりだったということはかなりの確率で間違いないと思う。つまり、九州で卑弥呼が活躍していたとすれば、同じ時期の大和では統一王権は成立しておらず、壹與の時代になって崇神天皇による大和統一と中国地方などへの進出が始まったということだ。

『**日本国紀**』では『**日本書紀**』などに魏との交流が書かれていないということを理由に九州説を主張しているが、細かい分析はしていない。そこで、同じく九州説をとる私の推論を簡単に紹介しておく。

魏の使節は、ソウル北方にあったと見られる帯方郡から、海岸に沿って航海し、狗邪韓国（のちに任那の中心になった釜山西方の金官国か）に着き、その全行程は七千里余りとしている。半島南部の途中の国は通過していない。

海を渡り千里余りで対馬国、さらに、南に海を渡って千里余りで一大国（壱岐）に着く。また海を千里余り渡ると末盧国《まつらこく》（佐賀県唐津市を含む旧松浦郡）に着く。陸路を東南に五百里行くと、伊都国（福岡市の西にある糸島市付近）に着く。帯方郡の使者が行き来する時には必ずここに駐まる。東南に向かい、百里で奴国（福岡市付近）に着く。東に百里行くと不弥国（不明）に着く。

ここまでは詳しいが、そのあとは、急におおまかな数字になり、不弥国から邪馬台国はずいぶん遠いようにも見える。そこで、畿内説が出てくるのだが、その一方、帯方郡から女王国にいたるまで「一万二千里余り」と書いてあり、そうだとすると、差し引き、不弥国と邪馬台国は千三百里しか残らず、それは百キロメートルくらいのことで、距離の計算についても畿内説が合理的とばかりもいえない。

また、途中の国についての観察がほとんどない。『**魏志**』「**倭人伝**」が成立するまでに記録が逸失した可能性もあるが、使節は不弥国までしか行ってないと思う。女王は誰とも会わないから「来てもらっても謁見はできない」とか、「海が荒れている」とか言われて諦めたのではないか。

邪馬台国と対立していた狗奴国については、家臣の名としてある狗古智卑狗《くこちひく》というのが、菊池にいかにも通じそうなので、熊本県と結びつけることは可能だが、断定するような材料ではない。

結論としては、私は九州中部と見るのが最も自然で、具体的には筑後、次いで宇佐などが有力だと思う。のちに斉明《さいめい》天皇（37代）が百済救援のための兵を挙げて九州にやってきたとき宮を置いたのは旧朝倉郡の朝倉広庭宮（朝倉市・具体的な場所は不明）であり、隣には柳川市などを含む山門郡《やまと》がある。

そのほか、大分県や熊本県でもおかしくないと思うし、周防・長門地方とか、少し遠すぎるものの吉備地方、出雲地方あたりまでが私にとって許容範囲だ。

その九州の邪馬台国が東遷したという説については、神武東征伝説は鎌倉時代以降に生まれたものだと第一章で指摘した。

また『**記紀**』には、畿内の大和朝廷が九州を征服したと書いているし、倭王武の上表文も同じだ。九州国家が畿内を征服したなどというのは、なんの根拠もない奇説なのである。

『**日本国紀**』では、卑弥呼の死とか天岩戸伝説が日蝕に触発されたものと言いつつ、そこからアマテラスと卑弥呼が同一人物とかいう無理な推論をしていないのはいいことだ。

九州王朝説に共感などして統一国家成立経緯が曖昧に

以上が、私の推定だが、それとの比較で『**日本国紀**』が有力とする仮説の数々を紹介しておく。ただし、これらの仮説は辻褄が合っているとは思えない。

邪馬台国については、『**日本国紀**』と私の意見は九州説で一致している。『**記紀**』に邪馬台国や卑弥呼（生年不詳～二四〇年代）のことが『**魏志**』「**倭人伝**」などの内容が神功皇太后の項目で、卑弥呼とか邪馬台国とかいう名称抜きで、使節を交換したと紹介されているだけだ。

「大和朝廷が邪馬台国なら、当時の大国であった魏から『王』に任じられ、多くの宝物を授かった出来事が一切書かれていないのは不自然」（P19）

しかし、私は大和朝廷が北九州にはじめて姿を現すのは、邪馬台国が滅びて数十年後のことだとしているわけだが、**『日本国紀』**は、大和朝廷は邪馬台国と同じ九州にありながら邪馬台国と対立していた狗奴国の誰かが東征したものでないかとしているが、それなら、神武天皇は卑弥呼よりあとの時代の人物であることになる。

それが、大和を征服して大和朝廷を建国したのち、逆コースで西に戻って、吉備や出雲に勢力を伸ばし、仲哀天皇のときに九州に再び北九州に登場して邪馬台国や狗奴国の故地にやってきたことになるが不自然だ。

しかも、**『日本国紀』**は、仲哀天皇は熊襲と戦って敗れて、その次の応神天皇は熊襲かもしれないかとしているのだから何が何だか分からない。それなら神功皇太后は何者なのか。**『日本国紀』**のファンタジーを完結させるとしたら、熊襲の王が仲哀天皇の皇后だった神功皇太后と結婚でもして、生ませた子どもが応神天皇だとかいうことにでもなるのだろうか。

神功皇太后は三韓征伐に出かけたと**『日本書紀』**はしているのだが、ここで奇妙なことに**『日本国紀』**は、これ以降の、倭人による半島経営の主体は、大和朝廷ではなく古田武彦などがいう九州王朝による可能性が強いように書いている。

とはいっても「倭国はそもそも白村江の戦いまで大和でなく九州にあった」とする狭義の九

州王朝説を『**日本国紀**』が全面支持しているかと言えばそうでもなく、半島経営の主体は九州勢力だったというだけのようにも読める。

いずれにしても、二世紀から三世紀にかけての半島派兵については、

「もしかしたら、朝鮮の記録にある日本からの派兵は、地理的な条件を考えると九州王朝であった可能性が強い」（P22）

と言うのだが、この時代は卑弥呼の時代あたりだから、『**日本国紀**』のように邪馬台国九州説の立場をとるのなら、いわゆる「九州王朝説」によらずともこの時期に半島に進出していたのは、九州のローカル勢力によるものでしかありえない。

そして、神功皇太后から倭の五王のあたりまでの派兵も、九州のローカル勢力によるものという理解をもって、

「在野の歴史家である古田武彦氏などは、倭の五王は九州王朝の王だったのではないかとする説を述べている」（P28）

としている。

その一方、河内平野にある仁徳天皇陵など巨大古墳は、応神天皇による「二度目（最初は神武天皇）の九州王朝による畿内征服」の結果かも知れないともいう。しかしそれにもかかわらず、『**日本国紀**』は好太王碑に書かれている倭国による四世紀末ごろの半島支配も九州王朝によるような推測を書いているのだから、南九州の熊襲出身である応神天皇は遠征軍を破って畿内を

征服したが、そののちも、別の九州王朝が北九州に存在して半島を支配していたということなのだろうか。さっぱり分からない。

さらに、中国南朝（東晋および宋）の史書には、倭の五王による遣使が書かれているが、これも九州王朝でないかという説に理解を示す。四一三年から四七八年までのことだ。先ほども書いたように、建康（南京）の都に倭国からの使節が来てどのようなことをしたかについては、中国の史書の信頼性は極めて高い。

ところが『**日本国紀**』は、『**日本書紀**』の記述と細部が一致しないことなどを理由に、これも九州王朝かもしれないという（P28）。倭王武の上表文に、「先祖は東と西に領土を拡げ、さらに大陸に進出した」とあって、どう見ても畿内王朝の王としか考えにくいにもかかわらず、である。

そして、六世紀に入ると日本の半島への支配は弱まったと言い、それは、継体天皇即位時の騒乱のためだろうかという。しかし、『**日本国紀**』は倭の五王も九州王朝でないかとか言っているのだから、いつの間に半島経営の主体が九州王朝から大和朝廷にどういう事情で代わったのか、『**日本国紀**』が主張したいのか不明だ。

そして、六世紀末頃の推古天皇のころには、日本が統一国家らしくなっていたことは認めている。つまり、『**日本国紀**』は四世紀後半の雄略天皇のときには大和朝廷の統一はできておらず、半島支配も九州王朝がしていたが、それから百年の間に大和と九州と半島の関係が根本的に変わって統一国家らしいものになったらしいのだが、その経緯はすべて謎で、日中韓の史書などまるで信用できないと片づけられているのである。

統一国家たる大和朝廷の大王たちによる半島経営や中国との交流、継体天皇による任那四県の割譲、欽明天皇のときとされている任那滅亡や、仏教伝来と蘇我氏と物部氏との対立経緯は、**『日本書紀』**に詳細に書かれていてなんの無理もなく、中国の史書とも好太王碑とも矛盾しないのであるが、そこに出来の悪い推理小説のような九州王朝説など入れたとたんに、すべてありもしない幻だということになってしまっている。

『日本国紀』は、三世紀に九州に邪馬台国があったのち、推古天皇などの世代である六世紀以前まで三世紀余りの期間における日本の政治状況は不明であると割り切っている。

といっても、断片的な話について、説得力があるとか、十中八九そうではないかとかいろいろ書いている。確かなことは分からないというのだから、全体像の提示は難しいのは分かるが、せめて矛盾のない全体的なストーリー展開を構築して、仮説として提案して欲しかった。**『日本国紀』**を読んで、結局のところ、三世紀から六世紀の間の統一国家建設への流れを、たとえばどういうようなものと推測しているか、断片が矛盾していてうまく組み立てられないので、見当もつかない。

倭国・日本・天皇はいつからどう使われたのか

中国では日本のことを倭と呼んでいた。「倭国」という言い方の起源が第一人称の「ワレ」などから来ているといった推測を『日本国紀』は支持しているが、これは、北畠親房の『神皇正統記』などでも採用されていたオーソドックスな推論だ。

確実にそうだとは言えないが、妥当で有力な語源論である。しかし、日本人が自国のことを倭国と名乗ったわけではない。ただ、向こうがそう言っているので、中国語で文書を作成するときはそう書いた。そのあたりについての意識は『日本国紀』にはないようだ。

中国でも支那というのは、語源は秦だとかいろいろ説があるが、インド人がサンスクリット語でそう読んでいるので、中国人も使って、いまもって、英語ではチャイナと言っている。

それなら自称は何かといえば、国内では国名は必要ないから正式のものはなかったとみられる。ただ、ヤマト王権が全国統一を進めていく中で、ヤマトと呼ばれ、そのヤマトは本拠地の奈良県を指すとともに、日本のことを指すような使い方をされていたとみられる。ローマだって、都市の名前だが、帝国の名称でもあったようなものだ。

しかし、日本国内では文字は知られていたが、本格的に使用されるようになったのは飛鳥時代以降であるから、国内的には国名を書く機会もなかったが、対外的には倭国と書き、中国人はそれを「ワ」と読んでいたのだろう。

現代の中国が国内的には「チュンホア」だが対外的にはCHINAと書き、チャイナと呼ばれているのと同じだ。

だから、大事なことは、「倭」と書いても国内での読み方は「ワ」でなく「ヤマト」だったということだ。だから、現在の奈良県だって、最初は「大倭」と書いて「ヤマト」と読んでいたのである。

それを日本人が漢字に習熟してくると、あまり良い意味ではないことだと自覚するようになり、「大養和」、さらには「大和」という表記が普及してくる。

『日本国紀』の記述は例によって厳密でないので意味を取りにくいが、どうも、日本人が自称として「ワ」といった言い方を採り入れていたように誤解しているような印象だが、そういうものでないと思う。

「日本」という言い方が、いつから出てきたかも不明だ。『続日本紀』には、七〇二年に三十二年ぶりに派遣された遣唐使が「大倭国」でなく「日本」が国号であることを主張したという記述があり、それを踏まえた記述が『旧唐書・東夷伝』

にあることから、このときには確立していたことは確実だが、いつからそう主張したのかは不明だ。『日本国紀』もそういうような記述になっている。

『日本書紀』にいつからという記述がないことからすると、「日出ずる国」とか「ひのもと」といった表現が徐々に普及し、それを漢字表現にしたのではないかと思う。『日本国紀』は天武天皇が『日本書紀』の編纂を命じたときには確立していたのでないかとしているが（Ｐ55）、完成したのは七二〇年であるから、編纂命令のときに『日本書紀』という書名だったかどうかはわからない。

「天皇」という言い方については、隋の煬帝《ようだい》に対して使ったという『日本書紀』の記述については、『日本国紀』では対等の関係を主張したものとして位置づけているが（Ｐ40）、別のページでは天皇という表現が使われ出したのは、もう少し後のことと捉えているような表現がある。『日本国紀』は大王《おおきみ》としていたのを天皇と変更した（Ｐ41）と捉えているようだが、私は違うと思う。

日本で文字社会が確立したのは、かなり遅く、聖徳太子は読み書きができたようだが、蘇我馬子や推古天皇もできたかといえば疑わしい。私は支配層にほぼ普及したのは大化の改新のころであり、その結果として律令制が可能になったと推測している。

「天皇」は口語としては、「オオキミ」とか「スメラギ」と呼ばれていたわけで、それを漢語で表現するときに天皇という漢字に確定したのは大宝律令においてではないか。ただ、いきなり登場したのでなく、さまざまな表記が併存した時期があったのだと思う。

それでは、天皇という表記がどこから来たかと言えば、唐の高宗（六四九～六八三）が皇帝に替えて天皇という称号を使用したのにならったのだと思う。もちろん、日本ではアメノシタシロシメスオオキミ（治天大王）などという表現もあったようだから、ぴったりだと思ったのではないか。いずれにしろ、日本人が「テンノウ」などと呼んだわけではなく、それは、明治になってはじめて確立したものだといっても過言ではないのだ。

第三章

韓国による古代史改竄《かいざん》に鉄槌《てっつい》

～百済は日本の植民地だったとは過激

古代史は重要な外交戦争の舞台だという自覚がない

日本国家の成立にあって、中国大陸や朝鮮半島などとの関係がどのようなものであったか、日本国家の公式見解というものを確立し、国民が広く共有しておくことが必要だ。

中国も韓国はそのあたりをきっちりして国民を教育している。平壌にある古墳の世界文化遺産への登録問題をきっかけに、高句麗の継承国家が中国か北朝鮮のどちらなのかとかいうことをユネスコを舞台に争ったりしたほどだ。

その点、日本はいい加減だ。戦前は国定教科書的などで見解が示されていたが、それを引き継いでいるのかどうかもはっきりしない。そして、朝鮮半島に任那《みまな》という日本の領土があったかどうかについて、韓国に「歴史教科書に書くな」と言われて、ほとんどの教科書が遠慮して消しつつあるのは『**日本国紀**』も嘆いているところだ。

中国についても、東アジア世界では、中国の皇帝を頂点にした「冊封体制」というものが基本秩序として存在したという考えを文部科学省が学習指導要領で教科書に書かせている。しかし、この言葉は戦後の日本で媚中派学者が発明して体系的にまとめたもので、たとえばウィキペディアの中国語版には存在しないのである。

そうした文部科学省が指導してきた論外な媚中・媚韓路線に比べると『**日本国紀**』が高い国民意識に基づいていることは言うまでもない。

しかし、「タイトルの割には」ということで言えば、なお、戦後史観的な媚中・媚韓路線に引っ張られているところが多く、古代において日本が主張し、唐と戦争してまで守り通そうとした歴史認識を否定し、また、逆に百済が日本の植民地のようなものだったのではないかという、いくらなんでも突飛な箇所もある。

私は、古代史もまた外交戦争の一環だと思い、『最強の歴史』シリーズ（扶桑社新書）などでは戦闘をするくらいのつもりで日本の国益を背負って歴史を書いている。そういう観点からすれば、**『日本国紀』**は意識は高くとも、政治外交史をプロとして論じるに必要な専門知識を踏まえていない。

一般読者はいいが、政治家などがこれを読むことはあまりお勧めしたくないし、外国人にも読んで欲しくない。

『「日本国紀」の副読本』（産経新聞出版）を読むと、「『この国の歴史』でなく『われわれの歴史』でなくてはならない」と、誠に健全な愛国心が書かれているのに、どうして、古代史の中国や新羅との関わりが、「この国の歴史」そのものの他人事のようなトーンになっているか不思議だ。逆に言えば、ぜひとも、こうした部分は英文などにするなら、早めに書き直してもらうと良いと思う。

邪馬台国は当時の日本列島で一番豊かな大国ではなかった

中国と日本の国交はいつから始まったのかといえば、三つの捉え方があると思う。

第一段階は、漢の時代から西晋に至るまでの時代に、九州の地方政権が使節を送ったりしていたものを日中関係事始めと見ることだ。

前漢の正史である『漢書』に、

「楽浪郡の先の海を渡っていくと、倭人がいて、百余国に分かれており、ときどき、楽浪郡に使いを送ってくる」

といった趣旨の記述がある。

そして、後漢の時代になると、博多付近にあった奴国《なこく》の国王が後漢初代の光武帝に使いを送り、現在も残って国宝に指定されている金印を下賜されている。

さらに、魏の時代から西晋の時代にかけては、『日本国紀』も私も北九州にあったと見ている邪馬台国が、かなり本格的な使節を洛陽の都に送り、魏の使節も少なくとも九州にはやって来ている。最後は二六五年だ。

第二段階は、四一三年から四七八年まで、建康（南京）に首都を置いた南朝の東晋および宋に、仁徳天皇から雄略天皇と見られる「倭の五王」が送った使節で、朝鮮半島における日本の領土の保全を目的にしたものだった。

しかし、あまり南朝の支援は役に立たず、また、南朝そのものが弱体化し、一方、日本でも政治的混乱があったので遣使は中断された。

第三段階は、中国で南北朝時代が終わり、北朝の隋が統一王朝を樹立したので、これを受けて推古天皇が遣隋使を送った。最初は**隋書**では六〇〇年、『**日本書紀**』では六〇七年となっている。これは、高句麗を共通の敵とした連携を狙う意味があったと見られる。この交流は、七九四年の遣唐使の派遣中止とその後の唐の滅亡による自然消滅で継続している。

その後は、室町幕府と明の間の変則的な交流を除いて、明治維新後の近代的な外交関係の樹立まで、正式の外交関係が持たれることはなかった。

以上の三段階のうち、第一段階のさまざまなやりとりは、中国側の正史にあるものの、日本側の記憶には残っていないし、そもそも奴国にしても邪馬台国にしても日本を代表する政権としての性格がないので、日本人と中国国家の関わりとしては意味があるが、日中外交史のなかで位置づけようがない。

ところが、ＮＨＫの歴史番組に「日本の初代女王だった卑弥呼」という表現が登場したのを聞いて驚いたことがある。そもそも、日本を公的に代表する放送局であるＮＨＫは、歴史番組について、中国や韓国の国営放送かと思うことが多くて困るのだが、「初代女王」という表現はいかになんでもあんまりだ。

日本国の皇統譜は、神武天皇を初代とする万世一系のものだというのが、日本国家の公式見解なのであるから、それを無視したものだ。日本列島とかいう地域の歴史ならともかく、日本という国家の歴史は、その国家が自分たちの歴史として認識してきたものに従わないと意味がない。

中国が交流をもった倭人のクニこそが日本であり、中国とそことの接触はすべて、日中外交関係だというのは、中華思想的で日本人を馬鹿にしたものの考え方だ。現代の日本国家と系譜的につながる国々と中国の関係だけが日中外交史として扱われるべきで、それ以前のものは、前史としてのみ位置づけるべきだ。

邪馬台国については、私は邪馬台国は九州にあったが、同じころに畿内には纏向《まきむく》などに邪馬台国より先進的で豊かな国があったと見るべきだという考え方なのだが、中国と交流をもっていた邪馬台国より豊かな大国が列島にあったなどというのはおかしいと言う人が多くて困る。

しかし、たとえば、江戸時代の長崎は海外からの窓口だが、江戸や京都や大阪より、豊かな先進地域だったとはいえない。海外文化の窓口が最先進地域とは限らないのである。

日本では、弥生時代からペリー来航による開国まで、九州が海外の文明受容の窓口だったが、独自の文明は九州でなく畿内中心に育っていったのである。

邪馬台国から魏へ何を要望したかだが、軍事的な加勢を期待したとは考えにくい。呉や蜀と対立し、黄海道（北朝鮮南西部）付近にあったと見られる帯方郡までしか支配していない中で軍勢を送るのは非現実的である。また、まだ文字がない世界だから、肩書きなど半島ではともかく、日本列島ではあまり意味があるとは思えない。

むしろ、鏡などをくれるので、そうした物を使って権威を高めるくらいの意味しかなかったはずだ。そして、魏との濃密な交流にもかかわらず、卑弥呼の死とともに邪馬台国の地域連合盟主としての力も落ちて、大和朝廷がその一世紀近くのちに北九州に進出してきたときは、卑弥呼や邪馬台国の名を語る人もいなかったのである。

『日本国紀』が無視する倭の五王こそ日本外交の始まり

倭の五王、つまり仁徳天皇から雄略天皇までの間の中国南朝との交流をもって、私は日中外交事始めだとみなしている。

『日本国紀』では、歴代天皇の系図と完全には一致しないこと、中国名が各天皇の本名と関連しないこと、遣使の具体的な記述や南朝から与えられた称号が『日本書紀』にないことなどを理由に、中国の正史の内容に疑問をはさみ、倭の五王は九州王朝の王ではないかという説に理解を示している（P28）。

それがなぜおかしいかはあとで論破するとして、とりあえずは、神功皇太后の三韓征伐から任那滅亡あたりまでの経緯を、私がどのような根拠でどう理解しているか説明しておきたい。

雄略天皇と478年ごろの東アジアと朝鮮半島

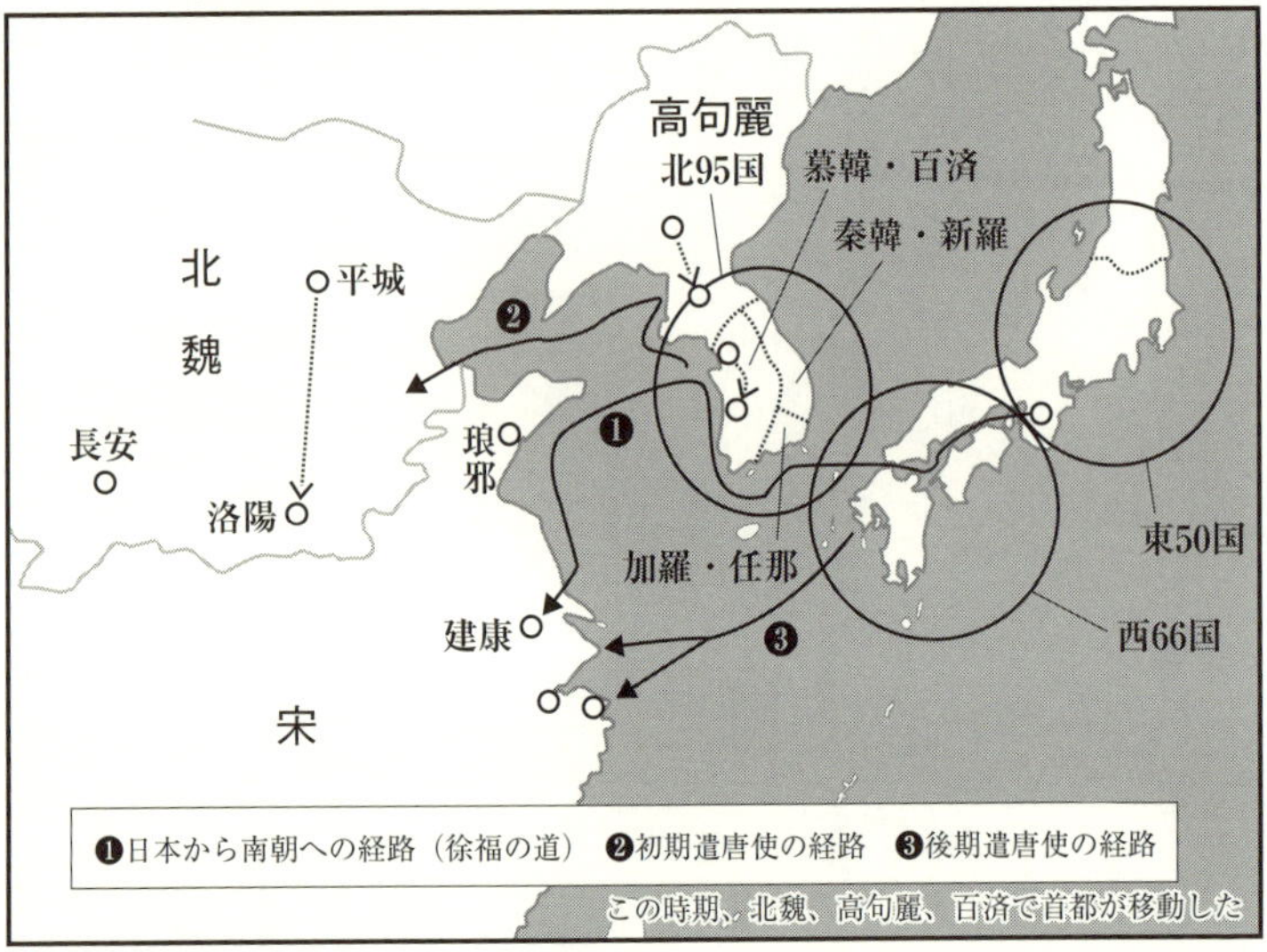

私は、倭王武の出した上表文は、日本国家としての建国から朝鮮半島の関わりについての公式の認識を書いた内容であり、また、日本の半島における当時の活動と符合したもっとも重要な外交文書であり、卑弥呼の手紙や『**魏志**』「**倭人伝**」より重要だと思っている。

さらに、のちの半島をめぐる隋や唐との関係の伏線にもなっていくものなので、この倭王武を含めた五人の大王と南朝の交流をもって、日本と中国の外交関係が始まったと考えてよい。

ちなみに、当時の南朝は漢帝国の系譜を引き継ぐ正統王朝であり、北方民族が建てた北魏など北朝と対立していた。

そして『**日本書紀**』にも、南朝側からの遣使があったと書かれているから、

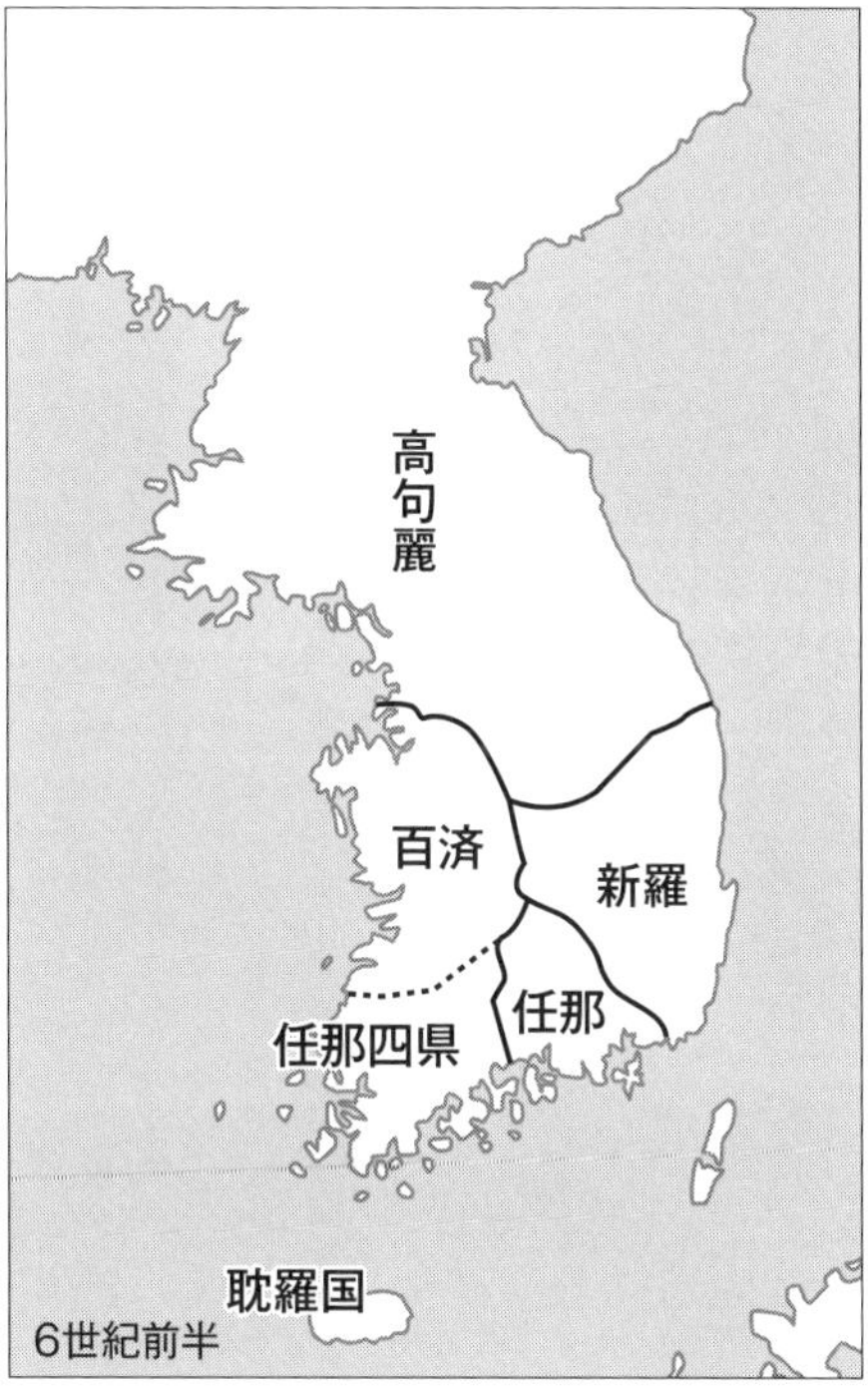

このころ、中国との交流が行われていたことは、同書の編纂過程でも認識されていたわけである。ただ、上表文などの文書は日本側に残っていなかったと見られる。

この交流を行っていたのが、大和朝廷とは違う九州王朝ではないかという説については、倭王武の上表文の内容が、明らかに畿内の王としての認識のもとに立っているのが明白であってありえないが、大和朝廷の外交実務や文書の作成が主として九州とか半島の出先の判断で行われていたという可能性はあると思う。

壬申《じんしん》の乱の少し前くらいに大宰府《だざいふ》は制度的に確立したようだが、それ以前にどうなっていたか、あるいは、半島における責任者はどうなっていたかですら不明なのである。なんらかの出先機関があった様子はうかがえるのだが、聖徳太子や白村江《はくすきのえ》の戦いのころすら具体的にどうだったか分からないのである。だから記録がないことは存在しなかった証明にはならない。

半島でも任那日本府という組織の名前はなかったと見るのが普通だと思うが、出先機関や責任者がいなかったとは思えない。

倭王武が中国に説明した建国物語は『日本書紀』と同じ

それでは、雄略天皇と見られる倭王武は日本の半島における立場をどう説明していたのだろうか。倭王武の上表文の現代語訳というのがいろいろ歴史の本に出ているが、しばしば、原文にない卑屈なトーンで歪曲されている。

「封国は偏遠にして、藩を外に作なす」

というのを、

「皇帝の冊封をうけたわが国は、中国からは遠く偏っていますが外臣としてその藩屏となっている国であります」（『日本の歴史1～　神話から歴史へ』井上光貞・中央公論社）

といった調子だ。

「私どもの国は遠いですが皇帝の威光を尊重する国です」

というので十分であり、なんでこんな奇妙な現代語訳をするのか理解に苦しむ。明確な政治的誤訳である。

そして、半島に進出した経緯を述べたあと、

「代々、皇帝のもとにご挨拶に参っておりましたが、私も、ふつつかものながら跡を継ぎ、百済を通り、使いの者を派遣したところです」

「近年は高句麗が（ソウル付近まで）進出して暴虐を働くので、容易に（南京まで）使いを派遣できないことになって困っています」

「父の済王（允恭天皇）は、高句麗が道をふさぐのを憤り、百万の兵士を送ろうとしたのですが、父も兄（安康天皇）も急死し、私も喪が明けるまで兵を動かせませんでした」

「もし皇帝の徳でこの高句麗をやっつけて平和になれば、引き続き皇帝への礼を尽くします」

としている。

つまり、南朝の皇帝へ礼を尽くす使者を派遣しているが、こういうことを今後ともできるとしたら、半島で高句麗に対抗している自分を助けることが条件になるというわけなのである。

そして、

「開府儀同三司（三大臣クラス）」

「使持節都督倭・新羅・任那・加羅・秦韓・慕韓六国諸軍事を自分で名乗ってますが、これを追認いただきたい」

とした。

この六つの半島の地名のうち、新羅は秦韓の一部であり、百済は秦韓（馬韓）の一部で、任那は加羅諸国の一部である。だから、新羅・秦韓というのは、横浜・神奈川というようなものだ。

新羅は秦韓（辰韓）十六か国のひとつ斯盧《しろ》国だったが、四世紀から、有力国として成長し始めていた。

任那は本来的には弁韓（加羅）のうち慶尚南道西部の金官国のことだったようだから、加羅とは、いわゆる伽耶諸国、つまり旧弁韓（慶尚道西部と全羅道東部）の残りの部分のことだろう。ただし『**日本書紀**』でいう任那は旧馬韓地域の全羅道や忠清道の一部までも含めた日本の支配下にあった土地全体を指す形で使っている。

募韓（馬韓）は京畿道から全羅道にまで及ぶ地域で数十国からなっていたが、そのなかの、伯済国が四世紀に発展して百済となっていた。

ところが、皇帝は「開府儀同三司」はもったいないと思ったか認めず、また「諸軍事」の対象としてすでに南朝と国交を持っていた百済を外して残りだけ認めた。

いずれにせよ、南朝の宋の皇帝は、少なくとも四五一年から五〇二年の間、半世紀はだいたい、全羅道と慶尚道、忠清道の一部に及ぶ地域を日本の勢力圏と認めていたわけだ。

ところが、高句麗が南下して四七五年に本拠地だったソウル周辺を奪われた。倭王武の使節が中身の濃い上表文をもって建康の郡に現れたのはそうしたときだった。

慰霊城陥落の三年後だが、おそらく、まだ状況は落ち着いていなかったと見られる。また、古代のことだから情報伝達にも時間がかかっただろうから、あまり細かく前後関係を考えても仕方ないと思う。

この倭王武その人だと思われる雄略天皇は、『日本書紀』だけでなく、考古学の発見でその存在が確認されている。熊本県江田山古墳の出土品に雄略天皇の本名ワカタケルらしき名があるし、埼玉県稲荷山古墳出土の「獲加多支鹵大王《わかたけるだいおう》」の名が刻まれた金象嵌鉄剣銘の鉄剣により、被葬者が若いころ雄略天皇に仕えたことが立証された。

『万葉集』の冒頭には、

「もよ み籠持ち　ふくしもよ　みぶくし持ち　この丘に　菜摘ます児　家聞かな」

という雄略天皇の御製が掲げられている。平安時代以降はあまり重視されなくなったようだが、古代においては、中興の祖的な大王と位置づけられていたことがうかがえる。

畿内国家による強力な統一国家は四世紀に成立

このように、日本列島を強力な権力でしっかり支配し、半島支配にも活躍した大王の存在が『日本書紀』と中国の史書と両方で確認できるのである。

この動かぬ証拠に、戦後史観の学者たちは目を背けている。そして『日本国紀』までが中国の史書は信用できないとかいって、大和朝廷の全国支配はそれから一世紀以上後の推古天皇のころまで確立していなかったような議論に与《くみ》しているのは誠に不思議なことである。

中国南朝の史書は四一三年から四七八年まで日本から使節の派遣があったとしているのだ

が、邪馬台国の女王壹与からの使者が二六六年にされてから、一四七年の空白がある。邪馬台国からの最後の遣使は魏でなく西晋に対するもので、その西晋が中原を追われて江南に移って東晋となり、その東晋の最後のころに倭王讃の使節が派遣されているのである。

その間の倭国の動きは、八世紀の**『日本書紀』**や十二世紀の**『三国史記』**にはあるが、中国の史書にはなく同時代の貴重な記録となっているのが、「好太王碑」であって、三九一年に日本が侵攻してきて高句麗に服していた百済や新羅が日本に従属するようになったとか、四〇四年にはそれを撃退したとか書いている。

要するに、第二章で推定したように、**『日本書紀』**の記述を暦年だけ調整して考えると、神功皇太后の三韓征伐が行われたのが四世紀半ばであり、四世紀の終わり頃から五世紀の初めにかけて、四世紀には現在の北朝鮮地域以北まで力を伸ばしていた高句麗と一進一退の抗争をしていることは好太王碑でも確認出来ることである。

その間に、どのような経緯でどう支配を強めていったかは、やや漠然としているとはいえ、大和朝廷がこの時期に半島で強い影響力を持つようになったことは間違いない。

そして、五世紀になると、四七五年になって高句麗にソウル付近まで南下を許したものの、中国南朝も日本の半島南部での優越権を承認しているほど強力だったというのが大まかな流れである。

そして、南朝に使節を送った倭の五王が、畿内王朝であって九州王朝でないことも、確定できるし、そのことは、日本国内で大和朝廷による支配が確立していたことを意味する。

もちろん、それは、大化の改新以降のような中央集権的なものではないかもしれない。いわば、明治体制ではなく江戸幕府のような間接支配だったかもしれないが、それでも、関東の有力豪族だった稲荷山古墳の被葬者は、若いころに雄略天皇の宮廷で仕えていたというほどの状態だったのである。

『日本国紀』が支持する九州王朝説のデタラメ

それにもかかわらず、『日本国紀』が、

「必ずしも大和朝廷が日本を統一していたわけでない」（Ｐ28）

とかいう戦後史観の学者たちの意見に理解を示し、倭の五王は九州王朝の王かもしれないなどという突飛な説にほとんど同調しているのは、まったく理解に苦しむ。

言うまでもなく、倭の五王が九州王朝の王だとすれば、『日本書紀』の神功皇太后の遠征から、雄略天皇の時代に百済が滅びるまでの記述はほとんどみな真っ赤な嘘ということになるし、四七八年に南朝に倭王武が提出した上表文で畿内が本拠であるがごときことを書いたのも虚偽だということにしないと辻褄は合わない。

ソウルの慰霊城を失った百済に、雄略天皇は任那の一部である熊津を割譲して首都とするように取り計らい、四七九年には、日本にいた東城王が百済の王になっているが、これも大和朝廷とは関係ない九州王朝とやらの仕業になる。

さらに、五一二年には継体天皇が現在の全羅道に当たる任那四県を百済に割譲しているが、それは、四七八年ごろには九州王朝が独自性をもっていたが、急に九州王朝が滅びて大和朝廷が乗り出していたというのだろうか。あるいは、この任那四県の割譲もまた九州王朝の仕業なのだろうか。

さらに、もう少し時代がくだって、五六二年に新羅が任那を滅ぼしたが、このときは任那を九州王朝が支配していたのか、大和朝廷なのか、**『日本国紀』**は語ってはいないままだ。

このあたり、すべて**『日本書紀』**が正しいとすれば、謎は何も残らず、辻褄はすべて合うのだが、**『日本国紀』**はそれは認めたくないらしいのである。

そして、九州王朝の可能性が高いと**『日本国紀』**は、日本人勢力による任那という日本人支配地域の存在は認めて、それを認めない戦後史観の学者たちに大いに抗議しているのだが（P24）、**『日本書紀』**と中国の史書にある上表文が一致してもなお、倭王武は大和朝廷の王ではないというのでは、あまりにも矛盾だらけの主張である。

ちなみに、戦後史観の学者たちは「**『日本書紀』**はほとんど当てにならない」と主張するが、中国や韓国の史書や好太王碑の価値はダブルスタンダードで認める（かつては、好太王碑は日本の陸軍が捏造改竄したとか無茶な指摘をして、日本の歴史学者でも同調したのがいたし、日本人でそれほど左翼的でもない人で、哀れにもこのプロパガンダに乗せられて、いまでも信じている人も多いが、専門家は左翼的な人でもとっくに白旗を揚げている)。

そこで仕方なく、いわゆる任那地域に日本が一定の影響力を行使していたのは否定できないが、あくまでも独立した諸国が群立していたのであって、支配していたというようなものでないと逃げるのが一般的である。

そして、任那という言葉を弁韓地域や日本の支配地域全体に使っていた『**日本書紀**』の用法は無視して、伽耶《かや》という弁韓地域について現代の韓国の人々が使っている地名に日本史の教科書の記述を訂正させている。

しかし、そもそも伽耶は弁韓地域のことであって、より広い日本支配地域を指すのには不適切である。また、任那への支配権は、奈良時代の後半になって新羅との国交が途絶えるまで一貫して主張し、『**日本書紀**』では「日本府」という役所の存在まで主張してきたのである。現在は韓国の領土かもしれないが、日本領だったときの呼び名はあくまでも任那だったのである。

もし、現在の支配者のつけた地名で呼ぶべきだというなら、かつて中国領だった楽浪郡も現在は北朝鮮領なのだから平壌地方とでも言い換えるべきであろう。

百済は日本の植民地だった？

『**日本国紀**』は、どうしたわけか、

「百済は日本の植民地に近い存在であった」（P46）

と大胆な推測をしている。たしかに、日本の強い影響下にあったことは事実である。しかし『**日本書紀**』を見ても、百済は実にしたたかでずるい国として描かれており、従順な従属国ではなかったことがうかがえる。

そして「日本の植民地に近い存在だった」という根拠になっている全羅道地域での前方後円墳の存在だが、これは、主として五一二年に、任那の一部だったが百済に譲られたいわゆる「任那四県」の地域であり、古墳も百済領になる前のものである。

したがって、前方後円墳の存在は、任那四県が日本領だったことを示す証拠であって、百済が日本の植民地だった理由にはならないのであって、『**日本国紀**』の勘違いである。

六世紀から七世紀の百済など半島との関わりについては、政治情勢についても文化的影響についても淡泊な書き方だ。

「新羅が任那を滅ぼした」

「隋が建国されて高句麗・百済・新羅を冊封下に置いたので日本は遣隋使を派遣して隋に日本

は対等の関係をアピールした」

「新羅が唐と組んで百済と高句麗を滅ぼしたので日本は百済復興のために援軍を送ったが敗れた」

「百済は日本の植民地のようなものだった」

といったように書いているが、これでは、なんのことかわからない。

正しくは、次のようなことだ。

①　百済の文化や経済は栄えて、日本には軍事的な援助などと引き替えに大陸の仏教など文化や技術を伝えた。しかし、軍事的には新羅が勢力を伸ばし、高句麗と百済が争っていたソウル付近を獲得したことによって中国との交流ができるようになった

②　任那の西半分は百済に割愛され、東半分は新羅に侵略され滅びた。

③　隋と高句麗が戦い、隋は日本との関係樹立を欲する状況になり、また、日本は半島での支持や大陸文明の直接的な受容を期待したので、隋との間に国交が開かれた。

④　高句麗に対する敗戦の混乱のなかで隋は滅びて唐が建国された。

⑤　唐は従属国となる条件で新羅と組み、それに対して日本・高句麗・百済が組むという状況のなかで、百済と高句麗は「唐」に滅ぼされた。日本は百済を救援したが白村江の戦いで敗れ、百済から大量の難民が押し寄せた。

百済はその地理的位置から、楽浪郡や帯方郡にいた人々も含めて漢族が多く住み、また、南朝との交流がとくに盛んだった。日本は百済をいわば総合商社として活用して、百済経由で大陸文明を受け入れ、仏教もその一環であった。大陸文明をもたらした帰化人（統一国家成立後に日本にやってきた外国人）の主流は、百済経由でやってきた漢族であって、そのなかには、王仁《わに》博士、止利仏師《とりぶっし》、秦氏などがいた。

そのことから、日本は文化を教えてくれた韓国に感謝すべきだと韓国は言うし、それに騙されて同調する人も多い。

しかし、百済にお世話になったのは事実だが、韓国に感謝する必要はない。次の理由だ。

① 領土を割譲し軍事援助をするなど見返りは出している。

② 大陸文明を伝えてくれたのは百済在住もしくは経由の漢族であって支配層である扶余族や住民の一部であった韓族ではない。

③ 百済は唐に滅ぼされて吸収され、百済の遺民の多くは日本に亡命し、日本の皇室や支配層は百済王室のＤＮＡをいくばくか継承している。

こういう状況で、百済のことを日本人は懐かしく感じはするが、韓国に感謝する理由がどこにあるのか。

「韓国（新羅の継承国家）は日本固有の領土だった任那を侵略し、友好国だった百済を中国（唐）

が侵略するのを助けた仇敵」

でしかない。

文化については、韓国がよく日本の文化は朝鮮が伝えたと言っているが、『日本国紀』は、「史実のあやふやな古代は別にして遣唐使以降の文化や技術の輸入には、朝鮮はまったく関与していない」（P49）

としている。この遣唐使というのが、六三二年の初回のときからのことか、あるいは中断の後に七〇二年に再開されてからのことなのか不明確だが、いずれにしても、遣唐使以前のことはあやふやだから無視するといって、古代の朝鮮半島を経由しての文化流入を軽く見るのは筋が通らない。

「百済経由で大陸文明を受け入れたが、そのことで韓国にお礼を言う立場でない」

というのが正しい。

聖徳太子は偉大だったことは『日本国紀』の通り

聖徳太子について、『日本国紀』は、戦後史観の学者たちの要求で、聖徳太子という呼び名が教科書から消え、厩戸皇子《うまやどのおうじ》と書き改められつつあることに抗議する。これは、正しい指摘だ。

その理由として、生前に使われなかった呼び名は排除すべきなら、歴代天皇の諡号《しごう》も同様だとしているのは、かねて私が指摘してきたことだ。

一方、聖徳太子の業績について『**日本国紀**』はあまり評価していない。「十七条憲法」も内容の先進性を誉めているが、後世に成立したものかもしれないと割り切っている（P43）。

私は、聖徳太子に対する高い評価が古代において顕著だったことは間違いないと主張している。聖徳太子は、天智・天武天皇の祖父で敏達天皇の子だった押坂彦人大兄皇子《おしさかのひこひとのおおえのみこ》にとってライバルであり仇敵だったのである。

天智・天武天皇の子孫たちの全盛期に編纂された『**記紀**』に、わざわざ他人の功績まで、祖父や曾祖父の仇ともいえる聖徳太子のものにする理由などまったくない。動機からだけ歴史を組み立てるのを「陰謀史観」というが、動機がないのに犯人扱いでは、ミステリー小説にもならない。

遣隋使をめぐるやりとりについては、元々、高句麗と隋の対立が根底にあるわけで、『**日本国紀**』が高句麗、百済、新羅が隋の配下に入ったので使節を出したとしているのは（P39）、何かの勘違いだろう。このときに、

「日出ずる処の天子、書を日没する処の天子に致す。恙無しや」

と書いてあったので、煬帝は立腹したので、翌年の国書では、

「東の天皇が敬いて西の皇帝に白す」

としたとされる。玉虫色の表現にして、双方の顔が立つようにしたのだが、これについて『**日**

本国紀』が外交判断として評価していることは正しいものの見方だ（Ｐ40）。保守派の人々の歴史では、この書き換えについて触れていないことが多い。

遣唐使については、文化面での意義が強調され、日本が多くのものを学んだが、しっかり取捨選択して科挙や宦官の制度は入れなかったことなどが紹介されている（Ｐ49～50）。

外交的な意義については、あまり論じられていないが、唐から冊封を受けなかったのは東アジアでは日本だけだった（Ｐ50）として格別の意味を強調しているが、このあたりは、そんな単純なものではない。

また、朝鮮半島との関係とどう関連するのかなども書かれていない。そして、学ぶものがなくなってきたので、菅原道真が七九四年に遣唐使を廃止した（Ｐ69）と書いているが、これは、派遣延期にすぎず、唐の滅亡で自然消滅したのだから、正しい歴史認識ではない。

唐と新羅と日本の緊張した関係

それでは、唐と日本の関係は実際はどうだったのかといえば、私はこう捉えるべきだと考えている。

唐にとっては日本も朝鮮半島もたいした関心ではなかったのだ。唐にとって大事なのは満洲だった。ここに敵対的な国があると北辺の守りが不安定になるからだ。

このころ、唐は隋と同じように満州を領有する高句麗を脅威とみて戦った。しかし、なかなか屈服させられなかったので、新羅の助太刀を得て、まず、百済を滅ばし、それを援護した日本も破った。そして、高句麗を包囲してこれを滅亡させ両国を併合し羈縻国《きびこく》（自治領のようなもの）にした。

ところが、唐は新羅も羈縻国にしようとしたので、新羅は唐に反抗し、唐が吐蕃《とばん》と戦っている隙に、大同江の南側を併合してしまった。そこで、新羅は日本との関係を修復したりして抵抗していたが、やがて、渤海が満洲北部から興ったので、それを攻撃することを条件に新羅の領土併合を追認した。

日本はこれに怒り、渤海と結ぶとともに、恵美押勝《えみおしかつ》は安史の変で唐が混乱するのを見計らって新羅遠征を計画するが、道鏡の台頭による政変で計画は取りやめになった。しかし、脅威を感じた新羅は七七九年に久しぶりに任那の調と呼ばれる上納金を払うなど融和路線をとったが（言ってみれば任那についての潜在主権を認めたということ）、日本は新羅に上表文を出すように要求したりしたので、それ以降は新羅からの使節は来なかった。

唐との関係では、日本から唐へ遣唐使を送ったときは朝貢使節として振る舞ったが、大宝律令では唐も西蕃として位置づけた。

第一回の遣唐使の帰路に唐の使節が同行したが、儀礼上の扱いを巡って朝廷と対立し帰国し、そののちは、唐からの使節は来なかったが、七七七年に一度だけやって来たときは儀礼上の扱いに悩んだらしい。

唐の文化への渇望は平安時代になっても衰えず、七〇四年の遣唐使のときには最澄や空海も渡海した。しかし、七九四年の遣唐使は菅原道真の進言で延期され、九〇七年に唐が滅びたので遣唐使も自然消滅した。

外交史は、細部にわたるまで、このようにきっちり日本側の主張を明確にすべきものだと私は考えており、『日本国紀』のように、第三者的な視点に立ったり、過去に日本がとってきた認識と違う捉え方を安直にしていいものではない。

第四章

『逆説の日本史』に似た陰謀史観

～推理作家的な謎解きの面白さと危うさ

大河ドラマでも人気がない中世史を面白く書くのに奮闘

『**日本国紀**』の平安時代から関ケ原までを読んでみると、一言で言えば、とくに「百田史観！炸裂！」というような毒が強いものではない。

むしろ、基調は保守的で常識的な歴史観である。日本人はいつの時代も素晴らしかったということの再確認をしたい人には気持ちよく読めるのではないか。そういう本としては、ベストセラー作家としての面目躍如だ。

一方、パンチのある部分もあるのだが、その部分の多くは井沢元彦氏からの強い影響を受けているようなのだ。祟りや怨霊の重視、武士の勃興についての見方、刀伊を撃退した藤原隆家の称揚、足利義満の皇位簒奪計画や暗殺という見方への支持などだ。江戸時代の経済政策などの見方もそうだし、古代史においてもそうだ。

これらは、パクリとか盗作とかいうことではまったくないが、井沢元彦氏の『**逆説の日本史**』（小学館）の猛毒が効いたユニークな分析に百田氏は非常に刺激されるところがあって、それに賛成されている箇所が多いのだと思う。

このあたりの是非については、『**応仁の乱**』（中公新書）がベストセラーになった中世史学者の呉座勇一氏と『**日本国紀**』監修者の久野潤氏との間で激論があり、そこに仲裁のつもりで入った私も議論に入る羽目になった。

呉座勇一氏は、朝日新聞紙上でこんなことを書いていた（二〇一八年十二月四日付）。

「平安貴族の平和ボケを指弾し、摂関政治の腐敗を嘆くが、この種の平安時代暗黒史観は明治以来の伝統である。王政復古によって成立した明治政府は天皇親政を本来あるべき政治形態と考え、摂関政治を否定的に評価した。そして近代日本が富国強兵に突き進む中、軟弱な貴族と質実剛健な武士を対比的に捉える歴史観が浸透した」

「こうした理解は、武士を社会変革の担い手とみなした戦後歴史学でも踏襲された。だが、さすがに現在の学界では『暗い古代』と『明るい中世』といった単純な見方はとらない」

そして、井沢氏にせよ百田氏にせよ、彼らが守旧的だと批判している対象となる歴史観が、すでに時代遅れのものでないかと問題提起した。

日本史でも平安・鎌倉・室町時代（このあたりを「中世」と言うことが多い）というのは、「面白くない」と言われてきた。ＮＨＫの大河ドラマでも「平清盛」とか日野富子を主人公にした「花の乱」は最低クラスの視聴率だった。

戦国時代から江戸時代と違って生活習慣もピンと来ないし、政治の仕組みもわかりにくい。江戸時代なら主君と家来の関係が現代の企業社会に通じるところがあるので理解しやすくサラリーマン社会に通じるし、戦国時代なら中小企業の創業物語に似ていて、それぞれ自分を投入するのも容易だ。

ところが、中世は主従の関係がはっきりしない、一人で何人もの主人に仕えている、男女の関係もとても自由。そして何よりも儒教道徳が世の中の規範として確立していないのである。

しかし、中世の人々の、道徳などに縛られず、ひたむきに愛と欲望のために生きる姿も魅力的で私も『**本当は面白い「日本中世史」　愛と欲望で動いた平安・鎌倉・室町時代**』（ＳＢ新書）という本を書いたこともあるのだが、『**日本国紀**』について言えば、独自の中世史観を完成するには至らなかったような気がする。

そんななかで、「面白い」ということで作家の手になる歴史として面白さを感じさせるところは、『**逆説の日本史**』によく似た陰謀論的な推理が炸裂する箇所に集中しているのではないか。

怨霊とか誰が誰の隠し子だとかいうのも面白い視点ではあるが、そこにあまり重きを置くと歴史書としての説得性は犠牲になる。

律令制という中央集権システムが合理性を失った時代の事情

飛鳥時代から平安時代までを振り返って、律令制はなぜできて、崩壊はなぜ起きて、結果としてどうなったかについての私の見方は次の通りだ。

①　聖徳太子のころから、奈良時代までは、隋や唐から文明をいかに早く効率的に受け入れ、それを普及しようと努力した。中国や半島の国々と軍事的緊張もあった。そういうもとでは、中央集権的で、画一的な巨大システムが好都合だった。
成文法としての律令、班田収授法、徴兵制、巨大な精緻な行政機構、充実した交通インフラ、公平な人事システムなどが求められた。現代でも巨大企業を円滑に動かすためにはそういうシステムが必要だ。

②　しかし、「ひと通りのものを学んだ」「切実な軍事的脅威もない」「朝鮮半島の領土を取り戻す気力もない」「国内のフロンティアも坂上田村麻呂らの活躍で一段落した」となると、大規模な軍隊は要らない。新制度を取り入れるより、現実に合わせて弾力運用した方がうまくいくから中央集権制もゆるめてよい。税収もほどほどでよいとなった。

③　そこで、ローコストな小さい政府でよくなった。荘園制は税収は減るが、治安維持やイ

ンフラ整備などの地域経営もまとめて民間委託するということだ。

それでも、奈良時代の後半から平安時代の前半は、制度を現実に合わせる改革をして破綻しないように努力していた時代である。それが、摂関政治の時代から鎌倉時代は、究極のローコスト経営の時代になった。

あらかじめ決められた上納金を国庫に納めるなら、国司にまかせる「受領」といった制度が平安時代にはとられたし、摂関家や皇族も荘園を持って、それで、給与の代わりとした。

そして、天皇自身が私領を持つのは躊躇したが、院政になると、天皇をやめて上皇になったら私有地も持てることにして、贅沢な生活もし放題できるようになった。
④武士は警察や軍隊の代わりをするヤクザかガードマン会社みたいなものだが、それが「平将門の乱」のようなことを起こしても強い正規軍がないに等しいから、藤原秀郷のようなほかのヤクザに鎮圧させた。
京都周辺では最強の武装勢力が、比叡山、園城寺、興福寺などの僧兵になったが、それに対抗するために摂関家は清和源氏を私兵として使い、上皇たちは平家を育てた。

そして、ガードマンの方が雇い主より強くなって本業まで乗っ取られたのが、源平合戦以降の武士の世の中である。


平安時代について『**日本国紀**』は、その時代に国風文化が育ったと強調している（P68）。

間違いではないが、それは、最初の一世紀あまりには当てはまらない。最澄と空海が渡海したのは、八〇四年に出た延暦の遣唐使に参加してのことだったし、最澄はその翌年に、空海がさらにその翌年に帰国して活躍している。

そして、空海の保護者だった嵯峨天皇（52代）が天皇として、さらには上皇として君臨した時代は、奈良時代以上に純粋な中国文化の影響が強くなった時代だと言える。それを象徴するのが、上皇の御所があった大覚寺付近をいう「嵯峨《さが》」という地名が長安郊外の景勝地に由来するとされることだろう。

もちろん、最澄が伝えた天台宗や、空海の真言宗が唐における仏教の最先端だったことは言うまでもない。別の言い方をすれば、百済経由の大陸文明の影響が払拭されて唐風に徹するようになったのが、弘仁《こうにん》・貞観《じょうがん》文化などと言われる平安初期の文化だったといえよう。

日本人が勘違いしているのは、現代の中国文化と漢や唐の時代の中国文化の違いだ。たとえば、奈良時代や平安初期の文化遺産を見ても日本人は日本的だと感じ、中国風とは思わないのではないか。それは、ゴテゴテとした近代以降の中国文化とは異質だからだ。

近現代の中国文化は、元や清の支配を経て北方的要素が強化されたおどろおどろしい中国の姿を反映している。

しかし、漢や唐の時代の文化はそういうものでない。だから、奈良時代や平安初期の文化は、非常に純粋な唐時代の中国文化の模倣だったと見るべきなのだ。

また、菅原道真による遣唐使の廃止という表現もよくない。遣唐使は、先に紹介した延暦の派遣ののち、承和年間（八三八年）にも派遣されて、このときは、慈覚大師円仁が参加したことで知られる。

そして、唐からの勧めもあったと言われるが、寛平年間に菅原道真を大使として派遣することになっていたのが、黄巣《こうそう》の乱などによる混乱や渡海の危険性などを理由に延期が建議されて認められた（八九四年）。

ただし、廃止の決定はなく、九〇七年の唐の滅亡で自然消滅したと考えられている。その意味で、「遣唐使の廃止」という表現を使うことも含めて、『**日本国紀**』の記述のような認識は今はされていない。

もちろん、唐から学ぶことが少なくなってきたというのも確かだ。また、律令制がゆるんで、兵役の義務がなくなったり、健児制による軍隊ができたりしたのは、唐の脅威が減じたためでもあるし、唐でも安禄山のような節度使に管理された傭兵による軍隊に置き換わっていったのにならったものでもある。

藤原氏隆盛の背景を説明していない

なぜ摂関制が成立したかについて、『**日本国紀**』はほとんど説明していない。藤原鎌足《かまたり》の子の不比等《ふひと》が天智天皇の子である可能性があり、その不比等の時代から藤原氏は力を振るうようになったということで説明しようとしているが（P73）、それでは説明になっていない。

そこで、奈良時代から平安前期における皇位継承の流れと、藤原氏の成長を少し説明しておきたい。

不比等は壬申《じんしん》の乱では子どもだったが、近江朝のほうに一族は属しており、官僚生活を天武朝のもとで始めたものの、初め不遇で、力を得たのは文武天皇の乳母だった橘三千代と再婚してからだと理解している。

また、娘の光明子《こうみょうし》が聖武天皇（45代）の皇后になったのも不比等が死んでから九年も後のことであって、宮廷の実力者としての母・橘三千代の力こそがキーポイントだったし、不比等が藤原氏の歴史のなかでも始祖的な扱いを受けているわけではない。

不比等を超実力者として律令制の創始者のようにクローズアップするのは、戦後京都学派の奇抜な仮説に由来する。

『日本書紀』の編纂にあって不比等の意向が強く影響を与えたというのも根拠がない仮説に過ぎない。

それでは、奈良時代から平安時代初期にかけての政治状況がどうなっていたかだが、まず、大事なことは、元々、天皇になるのは三十歳以上という不文律があったのが、持統天皇（41代）

の強い意向による文武天皇の十五歳（42代）での即位で崩れてしまったらしいことだ。

そのあと、聖武天皇の即位まで天智天皇の娘で文武天皇の母である元明《げんめい》天皇（43代。夫は天武・持統天皇の子である草壁皇子）と、その娘で独身だった元正両女帝でつないで、聖武天皇の即位が二十四歳である。

この聖武天皇は頑健でもなく、光明皇后が事実上の女帝のようにふるまい、唐の則天武后を意識したのでないかと思うほどだ。

そしてこの二人の皇子はいたが夭折《ようせつ》したので、草壁皇子の男系男子はいなくなってしまった。そこで、娘の孝謙天皇（46代）がまず即位し、ついで、恵美押勝《えみのおしかつ》が推した淳仁《じゅんにん》天皇（47代）が即位したが、恵美押勝は失脚し、称徳天皇（48代孝謙の重祚）となるなど迷走した。

道鏡事件のあと、孝謙天皇の異母妹である井上内親王の夫で天智天皇の孫だった光仁天皇（49代）が即位した。

これは、いずれ二人の子である他戸《おさべ》親王につなぐ布石だったようだが、おそらく、井上内親王が光仁天皇の早期譲位の陰謀を企てて母子ともに幽閉されて殺され、光仁天皇の退位時には、百済王家の血を引く下級官吏の娘・高野新笠《たかののにいがさ》を母とする桓武天皇（50代）が即位している。

天智・天武のあと、年齢・知力・体力においてしっかりした男帝が一世紀ほど不在だったわけだが、そこに、四十五歳という働き盛りで知力体力ともに優れた桓武天皇が出現して、朝臣に有力者もいなかったので、日本史上でもまれにみる独裁的天皇になった。

そのあとも、平城天皇を経てその弟である嵯峨天皇が即位し、上皇まで含めれば、八〇九年から八四九年まで君臨したのである。

こういう状況では大臣たちもお飾りになり、むしろ、晩年の嵯峨上皇を操った皇后の橘嘉智子《たちばなのかちこ》（檀林皇后）が実力者ナンバーワンになった。

この橘嘉智子が自分の子孫を帝位に安定してつけるようにするための協力者として重用したのが藤原良房で、嵯峨上皇と橘嘉智子の死後は、こんどは、良房が自分の子孫の権力維持のために、藤原北家の娘を後宮に送り込み、母后として君臨させ、藤原氏の男子は摂関としてこれを輔けるシステムを作りあげたのが摂関制だと理解している。

それは、藤原道長のときに頂点に達したのだが、その嫡子である頼通には娘が少なかったのでシステムが崩壊し、藤原氏でも道長の子孫でない傍系の母から生まれた白河天皇に至って、母后でなく父親である上皇が治天の君として権力を握る院政が、道長の子孫がつく摂政・関白と競い合う政体となったと理解している。

呉座勇一氏は井沢氏や百田氏の歴史観は流行遅れと指摘

『日本国紀』がとっている平安時代観の大筋は、明治以来の近代歴史学というよりは、江戸時代に国学が盛んになって以来の古典的な歴史の見方で単純であって毒がないが、だいたい、こんな感じに要約できるだろう。

① 道鏡事件に見られる仏教の過度の影響から脱するために、平城京から長岡京、さらには平安京への遷都が行われた。そこで桓武天皇は国政改革を進め、また、東北への進出を強めた。

② 独自の日本文化が育ち、唐から学ぶものも少なくなったので、遣唐使も廃止した。そして、藤原氏が外戚として力を振るって摂関政治となった。しかし、院政というのが始まり、「天皇制」と「院政」の争いも多くなった。

③ 一方、地方の統治は不十分となり、荘園を守る武士が台頭して治安に当たり、前九年の役や後三年の役でも清和源氏が活躍したが、朝廷は恩賞を十分にせず、八幡太郎義家らがみずからの財産から与えて声望を高めた。

④ そして、鳥羽上皇と崇徳上皇の親子げんかに武士がそれぞれ荷担し、それをきっかけに平清盛が台頭し、政権を担った。しかし、公家化して軟弱になったので、源頼朝が挙兵して政権を奪い、鎌倉幕府を開いた。

呉座氏は、明治政府の富国強兵路線が軟弱な貴族と質実剛健な武士を対比的に捉える歴史観を浸透させたと言っているが、むしろ、江戸時代の武士に好まれた歴史観が明治時代にも引き継がれたと言うほうが正しいように思う。

関東に本拠を置いた江戸幕府にとっては、鎌倉時代こそが見習うべき理想だという思想がもてはやされたのは自然なことだったのであるし、同じく東京遷都したのちの明治体制が軟弱な京都の風土に否定的だったのも同じ理由だと思う。

北条政子は演説などしなかった

摂関制と院政のもとで、私兵集団として力を伸ばしたのが清和源氏であり桓武平氏であるが、なぜ、武士としての実績では清和源氏に劣る桓武平氏の平清盛が先に太政大臣にまでなったのかということを、『**日本国紀**』は、平清盛が白河法皇の子だという噂を広めたのが功を奏したというような説明で説明しているがそんな単純なものでない。

父の忠盛のときから、宋との貿易で得た富と珍品を宮廷の女性たちなどにばらまいて、政治工作に成功したことと、平清盛がまれにみるバランス感覚と気遣いができる政治家だったためであるが、宋との貿易も権力を握ってからのことについてのみ二行触れているだけだ（P88）。

そしてもうひとつは、後白河上皇の寵愛する平滋子（高倉天皇の母）が清盛夫人である平時子の妹だったことだ。ところが、平滋子の死後は後白河は清盛と不仲になり決裂。また、宋との貿易をめぐる経済システムの破綻、福原遷都をめぐる延暦寺との断絶、飢饉による京都の荒廃といった様々な要素が重なって、後白河が木曽義仲や源頼朝をかついだというのが図式である。

そこのあたりを『**日本国紀**』は分析していないので、なんでそうなったのか、読者は分からないままになる。

そして、どうして源頼朝が鎌倉に留まったかと言えば、まず、後白河の存命中はそれを御しがたいと思ったからである。頼朝自身は京都で育った人間であるから、特別に関東にこだわりがあったとは思えない。

むしろ娘の大姫を後鳥羽の後宮に入れようとしたりもして、摂関家の九条道家や村上源氏の源通親などを味方につけて後白河と宮廷政治の場で対抗しようともしていた。しかし、娘の大姫は死んでしまうし、後白河の死後に頼朝に残された時間はわずかだった。

頼朝の死後、鎌倉は京都に対して影響力を行使できるような状態でなく、弱体化していた。そこで、後鳥羽上皇が承久の変を起こしたのだが、北条泰時らの軍事的な才能と、関東武士に、頼朝以前よりも待遇が改善したことを上手にアピールしたことが功を奏して味方にでき、奇跡的に勝利して武士の世が確立したと見るべきだろう。京都の文化にあこがれをもっていた源実朝の暗殺も鎌倉を変えていた。

承久の変で初めて武士の世になったという分析は、『**日本国紀**』でも支持しているが、北条政子の演説がものを言ったという説明はよろしくない。安達景盛が代読したものだ（P94）。

スピーチの習慣は日本では明治になるまでなかった。歴史ドラマではそれがないと絵にならないからいろんな武士などにも演説など堂々とさせるが、史実ではありえないことだ。

平安時代に武士たちを朝廷がどうして制御できたかというと、官位官職を与えることと、文化の力だと思う。

源氏物語の主人公である光源氏は太政大臣、つまり、内閣総理大臣だが、仕事はもっぱら、季節の行事を執り行い、文化の規範を示すことであった。源氏物語を読んでも行事ばかり気にかけ、外交・経済・地方経営だとかについて仕事をしている様子は見えない。

文化の規範を提供するとか、宗教を保護し利用することで彼らの権威は保たれたのである。国司や地方に住みついた貴種も、都の文化を伝えてありがたがられ、地方の人は都の文化を求めて上京した。

また、京都の朝廷や公家たちのもうひとつの武器というか、武士に仕事をさせるための餌は官位官職で、平将門を追討しろと言って武士たちが動いたのもそれが誘因だったというのが私の分析だ。そんなものをありがたがると損だからほどほどにしようというのが、鎌倉武士たちの反抗の論理で、鎌倉は官職や文化でなく所領を与えることを餌にした。

しかし、承久の変ののちは大きな内乱もなく、政治的な粛清ばかりもできなかった。『**日本国紀**』では、元寇での活躍に恩賞も与えられず、また、徳政令で武士の借金対策にしたものの、逆に武士に金を貸す人がいなくなって破綻したのが鎌倉幕府の滅亡であるという説明をしているが（P99）、いちおう正しいと思う。

元寇が実は元・高麗寇だったことも書いて欲しかった

元寇について『**日本国紀**』は、

「朝廷はどう対応していいか、おろおろするばかりだった」（P98）とする一方、北条時宗の対応を絶賛している。そして、文永の役は単なる偵察だったという説を否定し、鎌倉武士の必死の戦いが撤退の原因とし、弘安の役についても、たとえ台風が来なくても日本は勝てたのでないかとしている。

朝廷がおろおろするばかりだったというのは言い過ぎだろう。一方、北条時宗がそんな立派だったかも疑問だ。

媚中派が元《げん》からの手紙は丁重なもので、友好を求めただけなのに日本が失礼な反応をして戦争になったなどというのは論外で、それは、元に従った国々がどんな目に遭わされているかを見れば明らかだろう。おそらく、高麗と同じように皇太子を北京に住まわされて元の皇女と結婚でもさせ、京都か鎌倉に目付役を置かれていただろう。

北条時宗の対応は、積極的に情報を集め、早くから対策を打ったというほどではなく、場当たり的にしていたら結果としては大事なかったというだけだ。

もちろん武士たちは勇猛に戦ったが、それがどこまで愛国心から国難として受け止めてのものかまではなんともいえない。文永の役の撤退については、最初から偵察だけということはなかっただろうが、実際に来てみたら、そんな簡単でないことが分かったので、早々に引き揚げたと見るのが適切で、あまり武士たちの奮闘の結果と強調しすぎるのもいかがなものか。

それから不思議なのは、この遠征をけしかけ、文永の役では、水夫まで入れたら半数の兵力を出した高麗の役割についてとくに触れていないのはおかしい。

私は元寇でなく、「元・高麗寇」と呼ぶべきだとすら主張してきた。近代史にまでつながる日本から韓国への貸しなのだから、しっかり主張すべき論点だ。

日蓮も創価学会も公明党も登場しない不思議

元寇といえば、日蓮についても語られるのかと思いきや、登場しないし、鎌倉新仏教についても、浄土宗・浄土真宗と禅宗とそれに神道の発達については語られているが、日蓮宗は登場しない。やはり日本通史と言うからには、非常に重要なこの宗派を無視するのはおかしい。

日本通史であって、「**日本書紀**」の現代版というなら、宗教や思想についてもバランスのよい記述がされるべきだった。ところが、『**日本国紀**』には日蓮も戦国時代の法華宗の躍進も創価学会も公明党も出てこないようだ。存在を消されてしまっている。

戦国時代の仏教については、農民に支持された一向宗と旧勢力代表としての叡山《えいざん》のことだけが書かれているが、京都の町衆などにもてはやされて市民社会を育てた法華宗も大事だろう。それがまったくない。

日本人の思想や宗教観はやはりいろんな宗教をバランスよく評価したうえで論じないとダメであり、創価学会など新興宗教も含めて、日蓮系だけはないもののようにして、それを論じたらそれは歪んだ日本像になる。

内村鑑三の『**代表的日本人**』は、西郷隆盛、上杉鷹山、二宮尊徳、中江藤樹、日蓮だが、そのうち『**日本国紀**』に出てくるのは西郷隆盛だけだ。ほかは出てない。少なくとも普通に言及すべき箇所で出てこない。また、現代政治史を詳しく論じているのに公明党が登場しないのもいかがなものか。

陽明学も大塩平八郎のところで出てくるかと思ったら、「儒学者」で片づけられている。割り切りとして宗教や文化はあまり書かないというならそれでもいいが、日本人を語るなら、あまり歪んだ日本人像を前提にしないほうがよい。

ちなみに、私が通史などで日蓮について書いてきたのは、次のようなことだ。

鎌倉新仏教と言われるものが発展したのは、釈迦入滅後一五〇〇年（一〇六六年と信じられていた）を過ぎて末法の時代に入ったという意識のもと、戦乱、飢饉のもたらす生き地獄から個人の精神を救済できるような宗教が求められていた時代背景があった。しかも、それは、社寺の建立や寄進などというような費用がかかったり、難しい勉学を必要とする既存仏教と違ったものでなくてはならなかった。

日蓮は安房の生まれで、やはり、比叡山で学んだ。生まれについては諸説あるが、藤原良房の兄弟である良門の子孫とも言われる。天台宗が法華経を究極の教典としながら、浄土・密教・禅なども重視することは、素朴に考えておかしいと思う人がいて当然だ。鎌倉時代の時代的雰囲気を採り入れて、「南無妙法蓮華経」という題目を唱えることで現世においても救われるとしたのである。

ただし、浄土真宗ほどではないが、日蓮宗も本当に勢力が拡大したのは戦国時代のことだ。戦乱のなかで京都の町衆に支持されたのだ。

観光の対象にはなりにくいので有名ではないが、いまも西陣など京都の古い町を歩くと驚くほど日蓮宗の寺院が多い。商工業者には、来世よりも現世での救済をめざすほうが受けが良かった。

現代でも、創価学会を代表とするいわゆる仏教系新興宗教のほとんどが日蓮宗系であり、また、それが現実の政治の世界においても、創価学会が支持団体となっている公明党を通して、重要な役割を果たしているのも同じ理由からだ。

室町幕府は弱体だったのか

『日本国紀』は、南北朝の騒乱から室町幕府の成立にかけては、けっこうページ数は多いのだが、細々とした経緯が語られているが、「そもそもなんでこういう混乱が生じたか」とか「どうして戦乱が終わったのか」といったことはほとんど語られずに物足りない。

そもそもの原因は、後嵯峨天皇（88代）のあと後深草天皇（持明院流）が、次いでその弟の亀山天皇（大覚寺統）が継いだのだが、その両親である後嵯峨天皇と中宮である西園寺姞子《きっこ》（平清盛の子孫でもあった）は亀山天皇（90代）をかわいがって、その子孫を正統にしようとしたことだ。

そして、北条時頼が親切心か朝廷の弱体化ねらいか知らぬが介入して、両統迭立《りょうとうてつりつ》とすることを計らったことである。

ところが、いつ譲位するかとか常にもめたし、それぞれの「統」のなかで兄弟が同じように迭立にして欲しいとか言い出して際限がない混乱となり、ついに、大覚寺統のなかでも傍流ながらたまたま帝位に就いた後醍醐天皇（96代）が自分の子孫による独占を図ったのが原因である。

それには、後醍醐天皇が英明で実務能力もあるという評価が背後にあったのだが。後醍醐が辣腕ぶりをみせたのは、いわば京都府知事としての仕事の領域だけだった。名知事が首相になっても適性は全く違うのである。

そして、どうして騒乱が収まったかだが、足利義満が南朝の後亀山天皇を両統迭立に戻す約束で三種の神器を譲らせたのである。ただし、北朝の後小松天皇は合意に加わらず、神器も義満経由で受け取っている。

『**日本国紀**』では南朝が不振で追い込まれたからだというようなことしか書いていないが（P118）、足利義満が南朝を騙したのか、それとも、義満は誠実だったのだが、子の持氏が反故にしたのか微妙なのである。私は後者の説に賛成だ。義満は迭立のほうが幕府の権威を高められると思ったのではないか。

また、どうして朝廷が北朝の子孫なのに南朝が正統とされるに至ったかといった問題も論じて欲しかった。皇統の問題だから大事なのだ。私は徳川家が南朝支持の新田氏の流れだから水戸光圀が『**大日本史**』にそう書いたと主張している。

中世史のさまざまな事件について、割に細かい事件をこまごま書いているのだが、それがどうして起きたとか、意味づけはやや稀薄で、ほかの時代と差がある。

室町幕府については、『**日本国紀**』はもともと弱体で安定しなかったという古典的な説明にかなりとらわれている。しかし、足利義満や義教を見れば弱体などということはない。徳川幕府の三代目家光や五代目綱吉よりよほど剛腕独裁者ではないか。

私はトップが権力を維持するためには、組織内で争いがないように安定志向でいくか、ライバル同士を対立させてその仲裁者として権力を増大させるか二つの方法があり、徳川幕府は前者で室町幕府は後者だという解釈だ。

足利幕府はそのような紛争を起こさせ、仲裁に入ってお礼をもらうということをしないと財政も成り立たないようになっていた。応仁の乱の直接のきっかけも、畠山家の跡目争いだった。ところが、それを煽りすぎて、ついには、京都が焼け野原になって、それまで領国には赴任せずに、京都に定住していた守護たちも京都からいなくなって首都として機能しなくなったのが応仁の乱の重要性だと考えているが、『**日本国紀**』は跡目争いのように捉えているように見える（P129〜130）。

日本国王源義満と勘合貿易

中世史の謎解きをするに当たって最も解釈が分かれるのが、足利義満をめぐる話で、ひとつは、すでに書いた南北朝合一をめぐる意図だが、もうひとつが、義満が明から日本国王に任じられたことと、それともからんでのことだが、皇位簒奪計画をもっていたのでないかということだ。

これについて、私はこう考えている。

中国を一三六八年に統一した明の洪武帝は、周辺諸国に王朝の交替を告げ朝貢を促した。朝貢してくれれば献上品の数倍以上の下賜品を与えるが、それ以外には一切の貿易を許さないというものだった。

これを朝鮮は喜んで受け入れたし、沖縄でも中山・北山・南山の三王国がこのおいしい話に乗った。日本では南北朝の争乱の真っ最中で太宰府は南朝の良懐親王が支配していた。洪武帝の送った使節は、国書を届けるのに成功し、良懐親王の返書を持って南京に戻ったので、洪武帝は良懐親王を日本国王に冊封した。

ところが、九州に使節が戻ると、北朝側が支配しており、使節は京都の足利義満のところに送られた。義満は自分が明との関係を持とうとするが、明では義満を冊封された日本国王良懐からの王位簒奪者とみなす馬鹿馬鹿しい解釈をし、また、義満が「持明（持明院）」の家臣らしいということも聞いて交流を拒否した。

そののち、明の宮廷でモンゴルや良懐と結んだクーデター計画が発覚し、義満が隠居して「持明」から独立した存在になったとこじつけて、足利義満を日本国王と認め、遣明船貿易が始まった。ここで少し大事なのは征夷大将軍が日本国王になったというわけではないのだ。

この遣明船は日本の経済と文化の発展に大きな貢献をした。義満は明の使節が日本に来た時も拝跪《はいき》して迎えたが、こうした行動を天皇との関係でどう捉えていたかは当時の人も分からなかったし、現代のわれわれも推察するしかない。

媚中派と言われる人のなかには、天皇を廃止して日本国王がこの国の君主になればいいと考えたのでないかと言いたい人もいるが、むしろ、天皇はそのままにしておくが、東アジア世界の国際貿易では、明の皇帝が支配者であり、そこで日本を代表する窓口は日本国王である自分だという解釈だろう。

しかし、どう考えても無理があったので、義満が死ぬと、持氏は勘合貿易と呼ばれる義満が創った体制をやめて国交を断絶した。そして、義教が勘合貿易を復活させたが、大内氏や細川氏、さらにその下請けである博多や堺の商人が代行した。

最後は寧波《にんぽ》の乱で大内・細川が武力衝突し、結果、そのあと大内氏が独占したが、陶晴賢《すえはるかた》の乱で大内義隆が殺され、跡継ぎとして擁立された義長（大友宗麟の弟）を明が簒奪者として拒否したので、勘合貿易は終わった。

そのあとは、後期倭寇の活動が激しくなり、日本との貿易を封じられた沿岸部の住民は困ったのだが、現実に需要があったから、密貿易が盛んになったのも当然である。そして、ポルトガルもこの後期倭寇と組んで東シナ海貿易に参入した。（『日本と世界が分かる最強の日本史』の該当部分を要約）。

足利義満皇位簒奪説をめぐる議論勃発

それでは、『日本国紀』がどう書いているかというと、まず、冊封については、「属国であることを意味するものではない」（P123）と主張しているが、それでは、朝鮮も属国でなかったのかということになるから、少し説明に無理があるし、朝鮮国王と足利義満の地位を同一視しかねず、むしろ媚中・媚韓の人たちに近い立場になってしまう。

正しい回答は、すでに紹介したように、「冊封」という概念そのものがそれほど重要でないし、時代と場所によって違うということだ。冊封体制などという一般秩序は戦後日本の歴史学界の造語だし、冊封という言葉すら、中国の歴史教科書には登場しないくらい重要性の薄い言葉なのだ。

そして、朝鮮の場合は、国内的にも冊封を受けて国王とならないと、国際的にも国内的にも権威が保てないという状況だったから重大だったのである。それに対して、島津侵攻後の琉球では、島津が支持してくれるかどうかのほうが重大だったわけだから同じ意味は持たなかった。

まして、日本で征夷大将軍ですらなかった義満が日本国王になってもあまり意味がないし、また、義満はこの肩書きを国内的には使いもしていない。

ただ、それでも、もし義満が自分の子どもを天皇にしようとしていたとか、あるいは、天皇制を廃止して日本国王を元首とすることを考え、そのために明を利用しようとしていたら、ことは重大だ。

そして『**日本国紀**』は足利義満が皇位簒奪《さんだつ》を狙っており、それを、中国との関係も含めて憂いた人たちによって暗殺されたと大胆に推測しているのである（P120〜121）。

ここの部分は、井沢元彦氏の『**逆説の日本史**』にほぼ全面的に賛同し活用する内容になっているので、その意味でも話題になったので、どう似ているのか、少し詳しく比較してみよう。

『日本国紀』の足利義満の野望と死には、以下のようにある。

「義満は武家としての最高権力を持つ『征夷大将軍』と、公家としての常置の最高職である『左大臣』になり、ほぼすべての権力を掌握した。さらに応永元年（一三九四）、征夷大将軍を息子の義持に譲ると、太政大臣の座にのぼりつめた。

義満の横暴ぶりは凄まじいものであったと伝えられている。公家の妻や妾などを差し出させたり、天皇が持っていた祭祀権や叙任権（人事権）などの諸権力を接収したりもした。自らが寺社などに参拝するときは、上皇と同じ礼遇をとらせた、応永一五年（一四〇八）に後小松天皇が行幸した時には、義満の座る畳には上皇が座る畳が用いられた。義満は自分の妻を天皇の准母（天皇の母親格）にし、自らは太上天皇（上皇）になることを望んだとされる。

義満の最終的な目標は次男の義嗣《よしつぐ》を天皇にすることだった。後小松天皇に皇位を義嗣に譲らせ、自らは天皇の父として権威を振るうという計画だった。そのための布石として、応永一五年（一四〇八）、義嗣の元服を、宮中において立太子式（親王が皇太子になる式）と同じ形式で行なった。これは義嗣を皇太子として扱ったということになり、まさしく前代未聞の出来事であった。

（中略）

つまり義満の計画は皇位簒奪であり、皇統を破壊する企みであった。義嗣が天皇になれば、その父である義満は上皇として自由に政権を動かし、代々、足利氏から天皇が輩出することになる」（P119）

一方、**『逆説の日本史』**においては次のように書いてある。

「足利義満は、あまり知られていないが、日本史上最大の『怪物』政治家であると言っていい。（中略）つまり、『天皇になろうとした将軍』だからなのである。もちろんこれは歴史上唯一人だ。それは、天皇家の出身でないにもかかわらず、天皇になろうとした、ということである」（同書文庫版[7]P235〜236）

「足利義満の『皇位簒奪計画』、より正確に言えば『息子義嗣《よしつぐ》を天皇にし、自らは太上《だいじょう》天皇（上皇）となって、足利家を〈天皇家〉にする』という計画は、成功の一歩手前までいっていた。義満は既に天皇家から、官の人事権を奪い、上皇の待遇を得ていた。もちろん、武士は大大名も含めて義満の完全なる支配下にある。公家も僧侶も義満に逆らう者はすべて制圧され追放された。関白も義満に拝礼し、天皇ですら義満の鼻息をうかがうしかない」（P308）

そして、

「天皇の霊柩の輿だけをかつぐ八瀬童子を勝手に使い、比叡山を参詣した」

「北朝の反対を押し切って、南朝の後亀山天皇を上皇とした」

「宮中でやるべき鎮護国家の祈祷を、自宅で行わせた」

のである。

そして『**日本国紀**』は、

「研究者の中には、暗殺（毒殺）されたと見る者も少なくない。私もその説をとりたい」（P121）

とあり、『**逆説の日本史**』は、

「義満の死は自然死でない。暗殺でないかと、考えるのである」（P313）

とする。

これについて、呉座勇一氏が「研究者で暗殺説をとる人はいない」と書いた。たしかに今谷明氏の『**室町の王権―足利義満の王権簒奪計画**』（中公新書）は可能性を臭わしているだけだ。ただ、中世史学者ではなく儒学者だが小島毅氏の『**足利義満　消された日本国王**』（光文社新書）は暗殺説だから、専門の歴史学者ではということだろう。

いずれにしても、足利義満の皇位簒奪計画と暗殺説は、一時流行し、井沢元彦氏もそれに賛同するかたちで取り上げたので広く知られるようになったものだ。しかし、その後の研究で否定的な指摘が多くなり現在に至っている。

それも踏まえたうえで『**日本国紀**』があえて採ったのかどうかはわからない。ただ、私もこうした「動機がある」ということから想像を膨らませる陰謀論的な推理は歴史を語る上であまり好きでない。逆に動機を説明できない推理も嫌いだが。

ほかにも井沢説と似たところは多いが

『**逆説の日本史**』に影響されたとみられる箇所はほかにも多い。そのなかで、武士の台頭と藤原摂関政治の全盛期に大陸からやって来て九州を荒らした刀伊を撃退した経緯についての指摘は、『**逆説の日本史**』のなかでも話題になったものだ。

藤原道真の息子、頼通《よりみち》の時代、寛仁三年（一〇一九）に「刀伊《とい》の入寇《にゅうこう》」と呼ばれる事件が起きた。満州に住んでいた刀伊（女真族《じょしんぞく》）が、対馬《つしま》、壱岐《いき》、北九州を襲い、女性や農作物を奪った事件

について『**日本国紀**』は、

「朝廷が取った行動は常軌を逸したものだった。何と武力を用いず、ひたすら夷狄調伏《いてきちょうぶく》の祈祷をするばかりだったのだ。いかに政府が無力になっていたかがわかる。

刀伊を撃退したのは、太宰権帥《だざいごんのそち》（大宰府の次官）であった藤原隆家《たかいえ》だった。隆家は道長の甥だったが、叔父との折り合いが悪く、若い頃に左遷され、出世はしなかった」（P77〜78）

とある。

これについては『**逆説の日本史**』は、

「この侵略、現在九州大宰府の役人の『超法規的』行動によって撃退された。責任者は権帥（副官）藤原隆家である。問題はこの隆家に対し当時の摂関政府がどう対応したかである」（同文庫版4 P79）

「勇戦奮闘して刀伊を撃退した九州大宰府権帥藤原隆家に対し、当時の中央政府であった『藤原摂関政府』はどう対処したか？（中略）何の恩賞も与えなかったのである。それどころか叱責すらしたのである」（同書P80）

「それどころか、隆家が初めて刀伊の入寇を都へ急報した際、その書状の形式が整っていないことを公家たちは問題にしたのである。（中略）国が侵略され大勢の国民が殺された。その侵略者を撃退した英雄に、何の恩賞も与えないというのは、通常では考えられない」（P83〜84）

としている。

　これと関連して、この問題を怨霊と絡めているのも共通している。

『日本国紀』は、

「『刀伊の入寇』以後の一連の争乱に対する朝廷（天皇および貴族たち）の対応を見ていると、朝廷は治安を維持する警察機構のようなものを持たず、戦は武士たちに任せきりだったのがわかる。雅を愛する平安貴族たちは『戦』のような野蛮なものを『穢れ』として忌み嫌うようになっていたからだ。

　彼らは同じ理由で、自ら手を汚す『死刑』制度も廃止していた。（中略）天皇や太政官たちは自分たちが『死』にまつわることに直接関係する（死刑を宣告する）と、『身が穢れる』と考えたのだ。それと死刑に処された者が怨霊となって祟ることを恐れたということもあった」（P79～80）

　とし、

『逆説の日本史』では、

「こう考えてくると、武士政権以前の日本つまり平安時代の律令政府が、『なぜ公式の軍隊を持たなかったのか』『なぜ死刑を廃止したのか』という、他の国には見られない大きな特徴を持っていたことも理解できるはずだ。その最大の理由はケガレ思想なのである（もっとも死刑廃止については「下手に殺せば怨霊化する」という怨霊信仰の影響も大きい）」（④P322）

としている。

この刀伊の問題についての両者の指摘は間違ってはいないが、朝廷の動きの鈍さは、呉座勇一氏も、

「朝廷が『武力を用いず、ひたすら夷狄調伏の祈禱をするばかりだった』とあるが、実際には祈禱だけでなく要所の防備、賊徒（刀伊）の討伐、戦功を立てた者への行賞、山陰・山陽・南海・北陸道の防備を行うことを決定している。平安貴族は神頼み一辺倒ではなく現実的な措置もとっているし、鎌倉武士もしばしば神仏にすがっている。井沢氏や百田氏が公家の『文弱』を誇張するのは、勉強不足で古い学説しか知らないのか、護憲派を揶揄するために歴史を歪めているかのいずれかであろう」

とアゴラの記事で指摘していたが、その通りであろう。これは、元寇についての対応でも同様である。

井沢氏の説を採用していても別に構わないが・・・

『逆説の日本史』に影響されたと見られる点は、古代史や近世史でも多い。

たとえば、古代史では、応神天皇の諡号に「神」という字が入っているとか、継体天皇という名が暗示的なので王朝交代があったのではないかとか、古代からの「わ」を大事にした話し

合い至上主義が民主主義につながるといった指摘もそうだ。

また「祟り」について、『**日本国紀**』では「祟りや怨霊信仰」について触れている。

「古の日本人は、非業の死を遂げた人は怨霊となって世の中や人を祟ると信じて非常に恐れた。（中略）私たち現代人は「祟り」や「怨霊」というものを非科学的なものとして排除するようになったが、日本の歴史を見る際には、かつて日本人がそうしたものを恐れていたということを忘れてはならない。（中略）死者が祟るというこの考え方は日本人特有である」（P75～76）

とある。

一方、『**逆説の日本史**』では、次のように書かれている。

「こうした災厄を、古代の日本人は何の仕業と考えたか。（中略）『怨霊のタタリ』である。（中略）つまり、『国家鎮護』のために『経典を広める』ということは、実は、『怨霊を鎮護すること』なのである」（同書文庫版②P436）

「日本人一般の間に広く『人間は死後も霊として存在する。不幸な死に方をした霊は丁寧に鎮護しないとタタる』という認識つまり信仰があったからである。人は時代の子である。どんな英雄も天才もその時代の思想傾向あるいは民族独自の『宗教』の影響を、完全に脱することはできない」（同書文庫版③P183）

そういう意味では、ほかの歴史家や作家に比べて井沢氏に強く強く影響されているというイメージがするのは、『**日本国紀**』が太平洋戦争をめぐる問題など百田氏が特別なこだわりをもっている分野以外では、比較的に穏当な常識に従った説を採用しているなかで、一般的な理解や学界の常識と著しく違うのは、井沢氏のあまりにもユニークな意見で他の人はあまり唱えていない主張が多いので目立つからだ。

『逆説の日本史』『日本国紀』について呉座勇一氏と久野潤氏の論争！

『日本国紀』は、その売れ行きが話題になっている割には、その内容についての論争は、当初、意外に低調だった。批判に対する百田尚樹氏の側からの反論が戦後史観批判の一般論や、自分が執筆にあたってとったスタンスの説明に偏っていたのも一因だ。

そんななかで、普通の歴史本の著者ならば、反論なり修正なり説明が行われるはずが、作家というものは、そういうことはしないということだろうと思うし、それは予想されたことでもある。

こうしたなか、『応仁の乱』(中公新書)が大ベストセラーになった呉座勇一氏と『日本国紀』の「監修」を行った久野潤氏の論争は目立ったものだったし、私もその二人の論争を評するという形で加わった。

『日本国紀』が井沢元彦氏の『逆説の日本史』に多大に影響されているという議論

に始まって、呉座氏が、

「自らの知見に基づいて部分的に井沢説を採りつつ論を展開するのは、百田氏の著作である以上自由であろうが、学界の通説と作家の思いつきを同列に並べるのはやめてほしい」

「『逆転の日本史』は『学問的な批判に耐えない奇説が大半』」

としたのに対して、久野潤氏が、

「戦後史観的な通説がそんな威張れるものか」

と応戦していた。

そうしたコンテキストの上で、私は井沢氏が歴史学者に罵詈雑言を並べているのは知っているが、それでも、井沢氏の功績も認めるべきだということを書いた。

議論の原文はネットで見ることができるが（私や呉座氏のものは「アゴラ」と各々の氏名、久野氏については「i RONNA」と氏名と「日本国紀」で検索できる）、ここでは、私がそのときに書いたことをまとめなおして論じておきたい。

呉座氏に限らず歴史学者は、井沢氏の著作を批判するが、私は井沢氏が日本史へ関心を持つ人を増やしたことは評価すべきだと思う。

私も呉座氏と同様に井沢氏がしばしば示す陰謀論的な考え方には賛成しかねる。

しかし、世の中のために害毒をまき散らしているほどでないと思うし、「週刊ポスト」の毎週、連載の記事のほとんどは、正しい知識の流布にも貢献していると思う。

専門家にとっては、常識かもしれないが、一般の歴史ファンにすら知られてない内容が多いからだ。

また、たとえ、彼が出した結論には賛成しなくとも、そこから刺激を受けて議論が展開することも多い。あの連載が始まった一九九二（平成四）年における新鮮な衝撃は忘れられない。いつのことだったか忘れたが、親鸞は明治時代には架空説まであったほど、蓮如の出現まで忘れられた存在だったなどという指摘も井沢氏のお陰で知られるようになった。

戦前は快挙として、戦後はとんでもない愚行として、どっちの側からもイデオロギーに引っ張られた極端な評価だった文禄・慶長の役について考え直すきっかけを与えてくれた。

また、江戸時代については、堺屋太一氏の指摘に触発されたところはあろうが、ともすれば倫理主義が優先して、新井白石、徳川吉宗、松平定信らが誉められて、経済政策で成果をあげた荻原重秀や田沼意次が不当に評価され、元禄時代が悪い時代のように言われていた風潮が糾されたのは、多くを井沢氏に拠っている。

以上のようなまっとうな井沢氏の主張を、百田氏が『日本国紀』で多く取り入れているが、さらには、足利義満暗殺説のようなトンデモ説まで一緒にとっているのはどうかと思う。

しかも、タイトルからして、井沢氏の著書は『逆説の日本史』といかにも、あえて、通説に異論をはさむという形をとっているのに対して、百田氏のは『日本国紀』といかにも間違いない史実を並べてそうなタイトルだから困るのであって、それがゆえの問題まで井沢氏にまで批判の矛を向けるべきではない。

井沢氏は、推理作家らしい緻密さで、いちおう「絶対それはない」とまでは言いがたい隙のない議論になっているのに、『日本国紀』では主張自体に矛盾があることも目立つ。

歴史学者の多くは、井沢氏が日本の歴史学界を厳しく批判して、「学界の歴史研究者は視野が狭く頭でっかちな専門バカである」と述べている。それに対して「学者の立場からすれば罵倒にすら感じられる」「歴史学者が発掘し、歴史学者が読解した史料を利用しているにもかかわらず、である」という気持ちは分かる。

ただし、これには、自分たちの仲間内での多数派になれば、教科書でもどんどん書き換えていく「強者」としての歴史学者への反発に一理あることも理解して欲しい。教科書から古代の天皇を消し、韓国の国会の決議に迎合して任那の名を消し、聖徳太子という呼び方も追放しようとしたりとかいうことをやるから、専門の学者の好きにしてよいのかという疑問があるのは当然なのである。

中国や韓国が古代史まで歴史戦の内容として国民を教育している中で、日本人が自国の古くからの主張とか、古くから日本人が理解してきた歴史観を知らないのも困ったことであって、学者だけで決めるべき話ではないのに現実には学者が暴走している。

井沢氏が歴史学界の「史料至上主義」について、

「史料に書いてあることだけが事実であると思い込み、史料に書いていないことを推理することを断固として拒み思考停止に陥っている」

と学者を批判していることについても、やはり一理はあるのである。

歴史学界が文書が見つかったときに手のひらを返すという批判をしていることについて、

「史料が出てきたら見解を訂正するのは当たり前である。新史料によって自説が否定されたのに、屁理屈をこねて自説に固執する方がよほど恥ずかしい」

と呉座氏が言ったのは、その部分だけみれば正しい。

しかし、多くの場合において、文献学者にしても、それよりはるかにひどいのは考古学者なのだが、彼らが『記紀』のような正史や広く信じられてきた伝承を軽視し、彼らが確実と評価する資料からだけ歴史を組み立てすぎる傾向があると思う。しかも、自分が発見した新しい資料や遺物の値打ちを高めたいがゆえの作為もしばしばであり、皆さん、たいへん大新聞やテレビの利用がお上手である。

その結果、毎年のように「世紀の大発見」があったり、「常識が覆ったり」している。とくにひどいのは古代史で、出雲では遺跡があまり発見されずに「『記紀』においては出雲を重視しているが、本当は、それほど重要な地域でなかったのではないか」というのが「通説」になっていたのが、遺跡が二つほど見つかったら、『記紀』の位置づけ以上の重要地域に昇格だ。

しかし、『記紀』であのくらい重視されているのだから、かなり重要な古代の中心地域だった可能性が強いと一般の人は思っていたわけで、その常識の方が正しかったらしいということだ。山本勘助も甲陽軍艦にヒーローとして書いてあるのだから、それなりの重要人物だったのではないかと普通は思う。

ところが、確実な資料がないからといってほとんど断定的に否定し、そして、ちょっとした新しい資料が出てきたら、掌返しである。願わくば、確実な資料がなくとも、重要な伝承があれば、ばっさりとは否定しないで欲しい。

そして、仲間内の通説なるものを、あまり確実なものでなく、将来において変わる可能性も高いというように世間には話して欲しいし、新発見を度を越して大発見などと言わないで欲しい（この点は呉座氏などは健全な意識をもっておられるようだ）。

また、旧石器時代の遺跡捏造にみられるように、専門家集団の眼力も限界があるとか、過去や大御所的大先生の発見でかなり怪しいが、学界での勢威がゆえに健在なうちははっきり否定しないなどということも多いのではないかと思う（呉座氏が学界の大物に対しても歯に衣を着せぬ批判をされていることは承知している）。

専門家への不信にはそれなりの理由があるのであるし、そこを崩すきっかけは、しばしば、在野の愛好家、作家、まったく他分野の専門家の指摘なのである。

そういう私自身が歴史に限らずそのほかの分野で偉そうなことを書いているのも、政治・外交・行政のプロとして、それぞれの専門家の仰っていることがおかしいのではないかと思ったことを、指摘しているのである。

そういう場合に、専門の学者の先生方のところにお邪魔したりして、

「こういう説を発表しようと思うがどう思われるか」

とお聞きして、

「どうも勘違いしていた」

とか、

「それは古い学説をベースにしているのでないか」

と指摘されて引き下がることも多いし、逆に、

「立場上、自分ではいえないが、たしかにそこは盲点なんで、問題提起してくれるといいですね」

と言っていただくこともある。

逆に自分の専門のことで、他分野の研究者や実務家から指摘を受けて考え方を変えることもしばしばだ。

そういう意味で、場合によっては、素人や他分野の専門家の意見も前向きに受け止めていただくことも大事でないかと私は思うし、『日本国紀』がここまで日本人から歓迎されたことも、前向きに受け止めて欲しいものである。そこには、正統派の歴史学者の著作にないが、国民が求めているいろんなものがあるのだと思う。

もっとも、一般的に日本人がまっとうな歴史書や伝記、回顧録でなく文学や作家の作品を通じて歴史を知りたがる傾向が異常に強いのは私もどうかと思う。

普通の歴史本と違う編集者や監修者の役割

久野氏と呉座氏の論争では、「監修者」としての役割と責任を呉座氏が追及し、内容と関係ないところで盛り上がっていたが、それについて私の見立てはこうだ。

そもそも、『日本国紀』に関わった人たちの役割は特異である。「謝辞」で有本香氏が「編集者」とされ、久野潤、江崎道朗、上島嘉郎、谷田川惣の四氏に「監修」をお願いしたとある。ただ、ここで使われている「編集」とか「監修」とかいう言葉の使い方は出版界で普通に使われている意味とはだいぶ違うのである（ただし、役割分担は「『日本国紀』の副読本」や雑誌記事などで明らかにされているので、曖昧なわけではない）。

要するに、著者が一人で通史を書くために集団で支えたのだろう。有本氏の役割は通常の編集者を超えたプロデューサーのようなものだ。監修といってもあとの三人は部分的に参考意見を出した程度のようであるが、久野氏は全体にわたって監修作業を行い、校閲に近いことまでしたようだ。しかし、久野氏の意見を採るかは百田氏は自由に判断し、いちいち久野氏の了解は取らなかった。奥付に監修者として名がないのはそれならば自然だ。

ただ、有本氏や久野氏のような著者としての実力がある人が編集とか校閲を部分的にした結果、職人的な編集者や校閲者の存在感が薄いのである。個性的な人たちのおかげで内容は豊かになったが、普通の体制に比べて、抜け落ちたものもあるように見受けられる。

第五章

日本はいつもいい国という楽天主義

～江戸時代の負の側面に甘い

その時代の評価は世界文明における地位で測るべき

『**日本国紀**』の著者、百田尚樹氏は、日本人にこの国がもっと好きになって欲しいという気持ちをあふれんばかりにもっている人である。その結果、『**日本国紀**』では、日本の歴史について、ほとんどすべての時代にわたって、よく言えば暖かい、厳しく言えば甘い評価が与えられている。

もちろん、そういう歴史観のメリットもあるのだが、その結果、歴史のダイナミズムにメリハリがつかない印象がある。

そして、もうひとつ不思議なのは、『**日本国紀**』が否定的に書いているほとんどただひとつの時代が、「ジャパン・アズ・ナンバーワン」として全世界的な栄光に包まれた戦後から現在に至る私たちの時代なのである。

私の日本史観は、日本はしばしば停滞期が長く続くが、ときどき急に思い立って革命的な改革期があり、急激な文明開化をして大躍進する不思議な国というものだ。

それでは、どういう基準で良い時代か悪い時代かを判断するかと言えば、世界の文明水準のなかでどのような地位にあるかだ。

たとえば、奈良時代から平安初期、安土桃山時代から江戸時代最初期、明治後半から昭和初期、戦後の高度成長期から現在などはそういう意味で良い時代だ。

もちろん、そこに至る助走の時代は評価すべきだし、平成の日本のように、なお世界水準にはあるが、低落しつつある時代は批判したい。

それに対して、よその国と比べなくてもいいという人もいる。たとえば、江戸時代の日本は世界と比べれば差がどんどんついていったかもしれないが、徐々に人々の生活は向上し独自の文化も栄えたではないかというわけだ。

しかし、世界に扉を開けばもっとよい世界があるというのに、孤立して世界文明発展の恩恵にあずかろうとしないのは、為政者が体制の安定を優先させての暴挙だと思う。

江戸幕府がなぜ鎖国したのかといえば、西日本にどんどん新しい文明が入ってくると関東の全国支配が不安定になると思ったのだと私は睨んでいる。

「他国と比べる必要はない、自分たちの過去と比べればいいのだ」

とかいうのは、冷戦時代のアルバニアとか現在の北朝鮮のセリフだ。

日本統治下の朝鮮人民の生活が見違えるように改善したなど言うまでもないが、

「苦しかったけれども、それなりに生活していた朝鮮の農民は、昔に比べてずっと不安定な生活に陥れられた」

などと日本の左翼的な人の中には主張する人がいる。しかし、それは江戸時代の農民やアメリカでの南北戦争以前の黒人奴隷などに対する前近代礼賛論に共通した物言いだし、『**日本国紀**』にもそういう考えに影響された部分があると思う。

私の観点からすると、政治的には不安定だった室町時代から戦国時代だが、海外から興隆期だった明の文化が入り、さらに南蛮文化も入ってきていたので、室町時代から鎖国までの三百年ほどの期間は、日本史でも飛鳥・奈良時代や明治以降と並んでもっとも文明開化が進んだ時代だと思う。そして、関ケ原の戦いの前後あたりに世界の最先進国として絶頂を迎えたのち、安定重視で鎖国までした江戸時代のひどい停滞期に入った。

ただ、江戸初期には余韻があったし、幕末が近くなると世界の新知識が徐々に入り出し、開国と明治維新で一気にキャッチアップしたというのがおおまかな流れだろう。

『日本国紀』でも誇らしげに鉄砲の国産化に成功したりしたことを紹介しているが、豊臣時代の日本は本当に世界の堂々たる先進国になっていたと私は思う。

秀吉はスペインのフェリペ2世、フランスのアンリ四世、イギリスのエリザベス女王とかと同世代だ。ロシアではボリス・ゴドノフだし、ドイツは宗教改革の混乱期だ。中国も明の衰退期だ。そういう時代と比べて秀吉の日本の先進性は明らかだろう。

ところが、江戸時代になって、西洋が近代国家に向かって躍進し、中国が康熙帝・雍正帝・乾隆帝のもとで黄金期を迎えたなかで徳川日本は三流国家になってしまった（拙著『江戸時代の「不都合すぎる真実」日本を三流にした徳川の過ち』ＰＨＰ文庫）。

『日本国紀』の江戸時代への甘い評価は納得できないし、それがゆえに、世界的に偉業だと評価されている明治維新の意義も不明瞭な書き方になっていることも指摘したい。

同書は、江戸時代について、「前時代的な文化の遅れた時代」ということを否定し（P164）、経済、生活、文化の水準が高かったとする一方で、鎖国によりテクノロジーの発展が遅れ、変化を恐れたために弊害が生じ、「幕末に大きな混乱があった」という基本認識だ。テクノロジーの発展の遅れだけでも大問題であるし、遅れは政治・法律制度から医療や文化まで文明全般にわたるものだった。

黒船が来航したときに不平等条約を押しつけられ、危うく植民地にされかねなかったのは、武器の格差だけでなく、国際法についての知識のなさ、法制度の不備なども含めた文明水準の低さがゆえだった。

『**日本国紀**』で詳しく書かれている江戸時代の日本で行われた独自の科学の発展など、それをなしとげた人は立派だが、戦時中の木炭自動車とか東ドイツのダンボール製の自動車を褒めるようなものだ。

それから、江戸礼賛論者の常套的なトリックだが、『**日本国紀**』では江戸三百年のさまざまな時期に起きたことをいいとこ取りして誤った国際比較をして扱っている。

家康時代が同時代のヨーロッパより立派だといって、そのあと進歩せずに立ち止まって幕末には大きい差がついていても「江戸時代は素晴らしい」とし、逆に最初から二世紀以上も低水準に推移したのち幕末に近くなって、少しまともな方向への萌芽が見られた程度でも、「江戸時代は素晴らしい」としている傾向があるだ。

たとえば、徳川家康による五街道の整備を誉めるが（P190）（実際には江戸防衛のためにわざと橋を架けなかったり、関所を復活させるとか誉められたものでないのだが）、たとえその時代にはそこそこだったとしても、幕末に至るまでほぼそのままだったから、西洋が馬車から鉄道の時代になっていった発展から日本は取り残されていたことは無視する。

江戸時代の藩校や寺子屋を誉めるが、そういうプリミティブな教育システムすら本格的に普及したのは、十九世紀に入った天保期あたりからでヨーロッパで近代的な学校制度ができ始めていたころだ。

だから、明治になって西洋的な教育制度が導入されたことで文化や社会が劇的に変化したことを評価できないことになっている（『日本国紀』には明治政府が一気に全国津々浦々に小学校をつくり義務教育を始めたことの記述がない）。

江戸時代が良い時代だったというのは、全期間を通じて、おおむね、それぞれの時代における世界的な流れに遅れないように進歩していたということでなくてはならないはずだ。そして、現実の江戸時代は、そんなことはまるでない退歩の時代だったのである。

近世年表（10年間のまとめ）

1450	細川勝元管領、東ローマ滅亡
1460	応仁の乱、イバン大帝即位
1470	加賀一揆、スペイン同君連合
1480	山城国一揆、モスクワ大公国
1490	明和大地震、米大陸発見、バスコダガマがインドに
1500	チムール帝国滅亡
1510	大内氏上洛、ルター宗教改革
1520	寧波の乱、マゼラン世界一周
1530	天文法華乱、インカ帝国滅亡
1540	鉄砲・キリスト教伝来、地動説
1550	大内氏滅亡、川中島の戦い、アウグスブルク宗教会議
1560	桶狭間の戦い、信長上洛、仏ユグノー戦争、マカオ建設
1570	室町幕府滅亡、レパント海戦
1580	本能寺の変、バテレン追放令、蘭独立宣言、天正遣欧使節
1590	天下統一、文禄慶長の役、ナントの勅令
1600	関ケ原の戦い、徳川幕府、蘭印度会社
1610	琉球侵攻、大坂陣、後金建国
1620	武家諸法度、メイフラワー号
1630	島原の乱、鎖国、清建国、ロシアがオホーツク海到達
1640	清教徒革命、明滅亡、ウェストファリア条約
1650	明暦大火、第１次英蘭戦争
1660	ルイ14世・康熙帝即位
1670	大日本史編纂
1680	清台湾接収、英名誉革命
1690	貨幣改鋳、英国銀行設立
1700	赤穂浪士、スペイン継承戦争
1710	新井白石改革、ハノーバー朝
1720	享保改革、英国責任内閣制
1730	甘藷試作、清乾隆帝
1740	吉宗引退、法の精神
1750	百科全書、七年戦争
1760	長州藩撫育局、ワット蒸気機関
1770	田沼意次老中、解体新書翻訳、米独立宣言、国富論
1780	天明飢饉、寛政改革、仏革命
1790	ラクスマン来航、英使節中国に
1800	ナポレオン全盛、蒸気船発明
1810	朝鮮通信使終了、ウィーン体制
1820	伊能忠敬地図、異国船打ち払い、露土戦争、ギリシャ独立
1830	蛮社の獄、仏七月革命、
1840	天保改革、薪水給与令、アヘン戦争、仏二月革命、米墨戦争
1850	ペリー来航、太平天国乱、クリミア戦争、ムガール帝国滅亡
1860	幕末の騒乱、明治維新、北京条約、スエズ運河、南北戦争
1870	廃藩置県、岩倉使節団、西南戦争、普仏戦争、電灯発明
1880	明治憲法、ベトナム仏領、
1890	国会開設、日清戦争、五輪
1900	日露戦争、シベリア鉄道開通
1910	第１次世界大戦、ロシア革命、辛亥革命

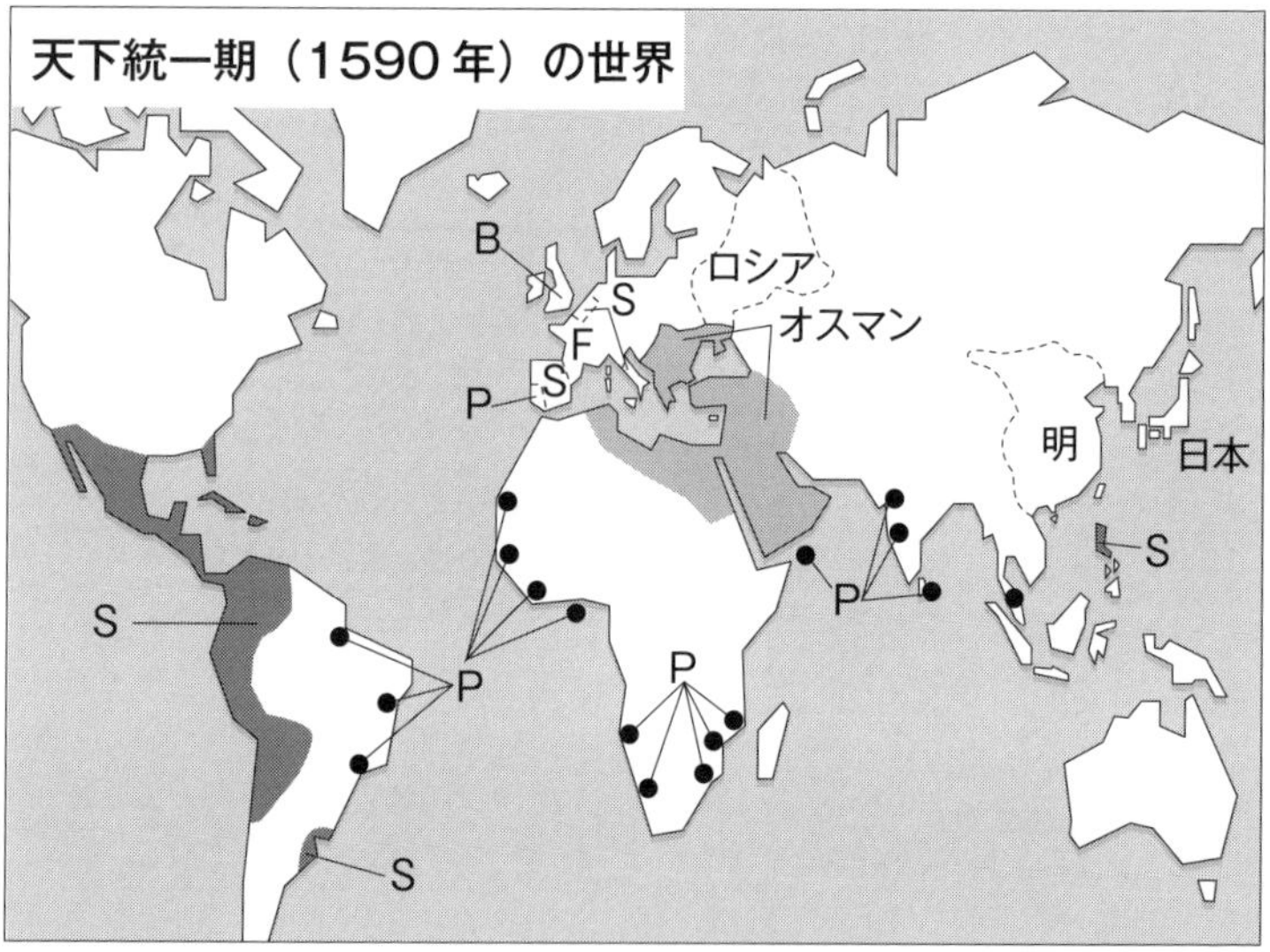
天下統一期（1590年）の世界
B
S
F
S
P
ロシア
オスマン
明
日本
S
P
P
S
P
P
S

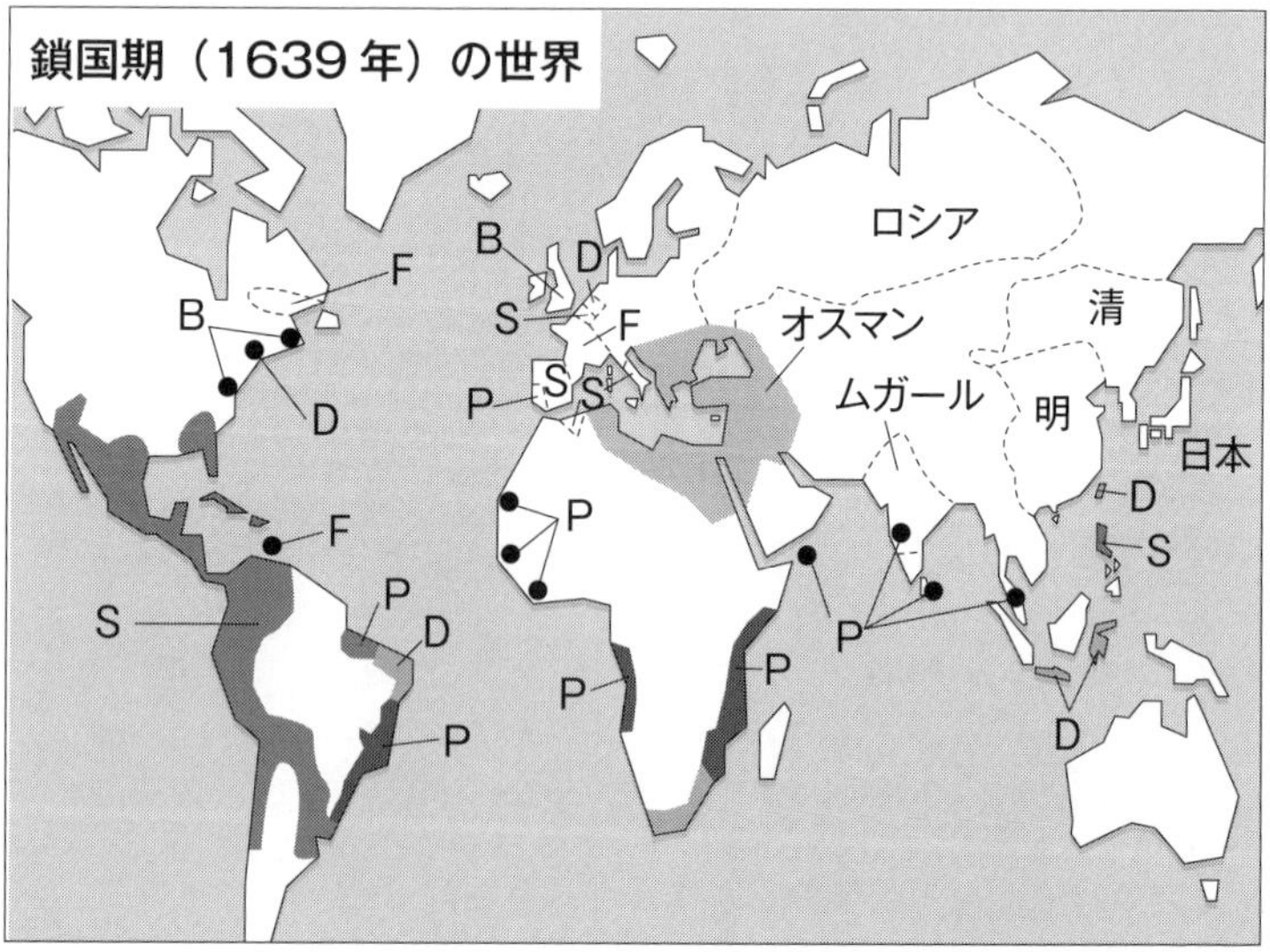
鎖国期（1639年）の世界
B
D
S
F
P
S
S
ロシア
オスマン
清
ムガール
明
日本
F
B
D
F
P
S
P
D
P
P
P
P
D
S
D

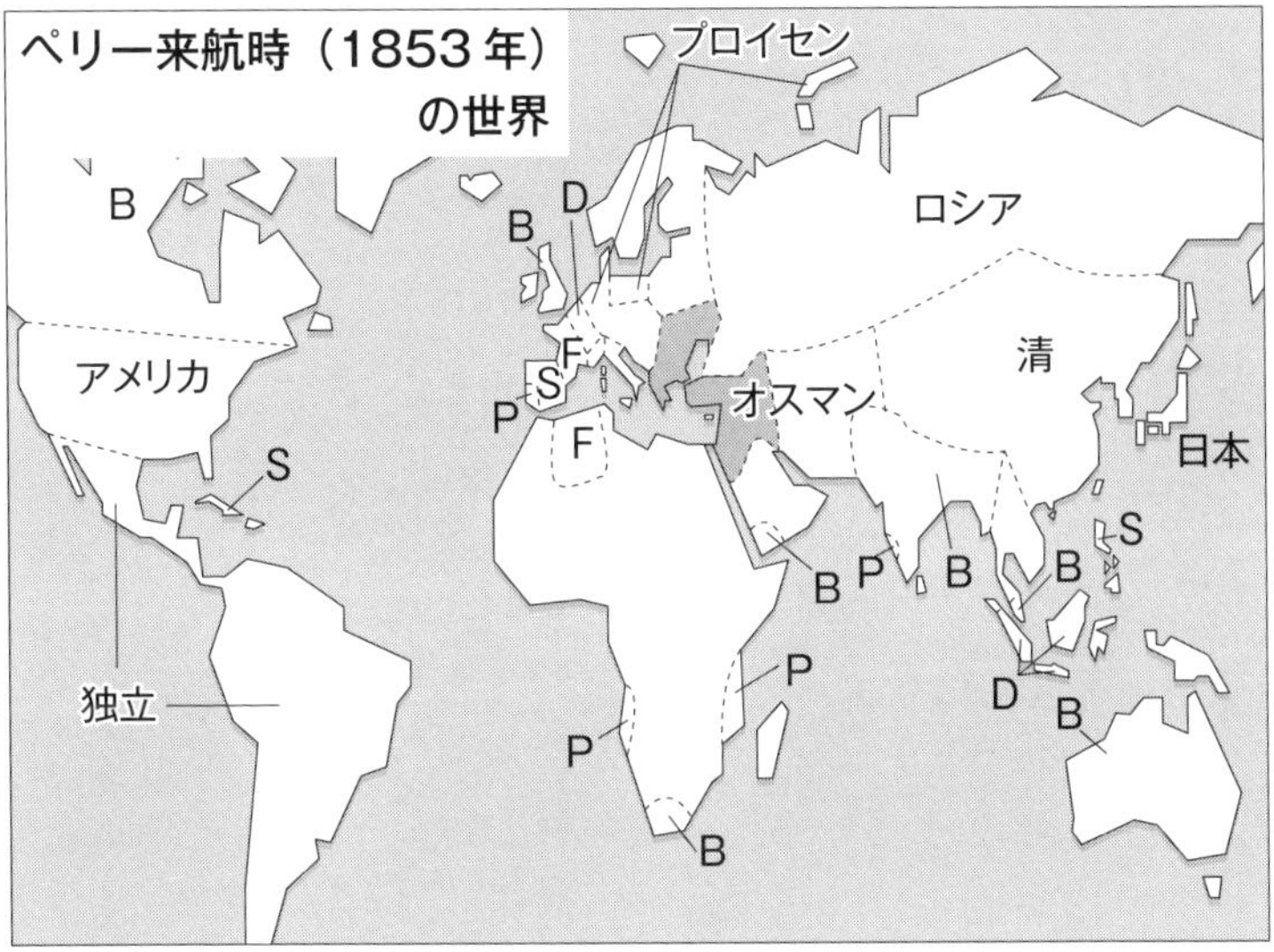

中世におけるバイキングの活動は別として、ヨーロッパ諸国の海洋進出は、イベリア半島におけるレコンキスタ（イスラム教徒からの解放運動）の延長として15世紀前半に始まり、ポルトガルはアフリカ西海岸を南下した。そして、喜望峰を発見しインドを経て日本までやって来た。

一方、スペインはこのルートには参入せず、西回りでアメリカ大陸からフィリピンにやってきた。さらに、オランダ、イギリス、オランダがこの2か国の牙城を崩そうとして、17世紀前半には東アジアはオランダ、インドはイギリスの勢力圏になった。

フランスとイギリスは世界各地で争ったが、1750年代の七年戦争でイギリスの優位が確定したが、フランスはイギリスが手薄な地域のみで勢力を伸ばした。さらに、1840年代のアヘン戦争で東アジアでのイギリスの優位が確立した。オスマン帝国は16世紀にスペイン、18世紀からロシアに押されて衰退期に入った。また、世界中のほとんどの土地が列強に分割されたのは19世紀末でペリー来航時にはそういう状態でなかった。

（凡例）P＝ポルトガル　S＝スペイン　B＝イギリス　F＝フランス
D＝オランダ

戦国時代にルネサンスと大航海時代の風が吹いてきた

室町時代から戦国時代についての『**日本国紀**』は、南北朝だとか応仁の乱といった政争・戦乱や、文化などについては詳しいが、国際的な時代の流れ、そして、経済などについての記述がやや淡泊だ。室町時代は冴えない時代だという古典的な歴史観に引きずられているのかもしれない。

この時代は世界的にはルネサンスであり、大航海時代が始まり、中国では、久しぶりに本格的な統一国家である明が登場し栄えた時代である。

それに先立つモンゴル帝国の中国統治は雑だったが、東洋と西洋を結びつけたことは、「世界の誕生」と言う人もいるほどの変化をもたらしていた。

そういう新しい時代の風が日本にも流れ込み、近世社会らしさがいろんな意味で出てきた時代である。

『**日本国紀**』では、東山文化のワビサビが日本独自の文化として強調されている。しかし、それらは、宋・元・明の文化が禅宗の僧たちなどを介してワンセットの文明として流れ込んだことで成立した。

私は、いわゆる「日本の伝統文化」というのは、平安時代からの国風文化と宋や明の時代に最盛期を迎えた中国中世文化が、融合し、さらに、南蛮文化の刺激を受け、安土桃山時代から江戸時代にかけて大衆化して完成したものだというイメージで捉えたいと思う。

その国風文化も、縄文文化と弥生文化が融合した原日本文化が仏教を含めた唐の影響で大きく変化して成立したものだ。

そういった意味でも、室町時代から戦国時代における中国文化の流入とか、それを活用した経済の発展はもっと重要視すべきものなのだ。それ以前の宋の文化は、平安末期から鎌倉初期にかけてある程度は導入されたが不十分なままだった。

戦国時代もそんな暗黒時代ではない。よく似た時代の戦乱でも、ドイツ三十年戦争などでは、人口が激減したが、日本の戦国時代にはそういうことはまったくなかった。

中世社会では、守護や地頭は裁判官・検察官・警察官は兼ねていたが、知事や市長ではなかった。そういう民政は荘園など領主の仕事だったから、総合的な地域開発もできなかった。

それが戦国大名の出現によって、都道府県単位などで近世的な地域経営が可能になり、信長を経て秀吉の天下統一と太閤検地で全国に及んだという日本の近世社会成立の基本図式である。

それは、ヨーロッパでは十七紀後半のルイ十四世時代あたりから絶対主義国家というかたちで実現していったものであるが、それに比べても太閤検地に代表される豊臣秀吉の改革と、それからしばらくの日本は先進的だったというのが大事なところだ。

しかし『**日本国紀**』は、あまりそういう意識では書かれておらず、信長による経済自由化、兵農分離、鉄砲の生産の早い普及といった現象面での指摘中心で留まっている。

太閤検地の意義などはきちんと書かれているが、秀吉による天下統一が、「とりあえず、すべての大名を服従させたに過ぎず、中央集権的な政治機構ではなく、それぞれの地方では戦国時代同様、各大名の収める封建社会体制が継続していた」（P145）というような評価になぜなるのか、不可解である。

豊臣時代の体制の中央集権ぶりはすさまじく、逆に言えば、やり過ぎたので、その反動として軽い逆戻りになったのが江戸時代の体制と見るべきだ。

鎖国しなければ植民地化されたわけでない

キリスト教や鎖国をめぐる認識も、世界史的な流れとの関連で捉える意識が『**日本国紀**』ではやや稀薄だ。大航海時代は、レコンキスタの一環としてポルトガルがアフリカに進出し、その延長線上でインドをめざしたことで始まった。

アジア進出の主役はあくまでもポルトガルである。もちろん、一五八〇年から一六四〇年までスペインとポルトガルは同君連合を組んでいたのでややこしいが、君主は同じでもあくまでも別の国だったが、『**日本国紀**』がもっぱらスペインを中心に書かれている（P154、172）

のは西洋史の観点からはおかしい。

植民地支配については、この時代のポルトガルは、ゴアに典型的に見られるように拠点確保に留まっていた。スペインが植民地にしたのも、金属製の武器も馬もなかった新大陸や、国家が成立していなかったフィリピンだけで、面の支配をそれなりにしっかりした体制がある国に及ぼすような植民地経営は十九世紀になってからのことだ。

そんなわけだから、日本がポルトガルやスペインの植民地になる可能性などゼロだった。当時のポルトガルやスペインは数千とかそれ以上の兵士を地球の裏側に派遣する力などなかった。

『**日本国紀**』では日本に国力があったから植民地化を免れたようなふうに捉えられているようにも見えるが、中国でも朝鮮でも植民地などになっていないし、インドでも植民地になったのはもっと後のことだ。

そして、鎖国については、その本質が、オランダがポルトガルに東アジアの海洋支配の覇権争いで勝って、日本貿易を独占したということだという意識が示されていないのが気になる。

秀吉がキリシタンを禁止したのは、コエーリョという神父が、豊臣秀吉に対して軍艦を見せて威圧的に振る舞って怒らせたのがきっかけだ。秀吉は怒ったが怖がったわけでない。

実際的な可能性としては、教会の働きかけで、キリシタン大名同士が手を組んで面倒な勢力となる可能性が皆無ではなかったことくらいだろうと思う。

また、最初の日欧交流だった天正遣欧使節とか支倉常長《はせくらつねなが》の渡欧が登場すらしないのも残念だ。

鎖国については、作家が歴史を書くと、うっかりすると肯定的に書いたりしがちだ。「十分に海外との交流はあって鎖国というのは間違いだ」などと言い出す人もいる。

しかし、『**日本国紀**』では、

「幕末までの二百数十年の間、ヨーロッパの文化や科学技術がほとんど入って来なかったことや、世界の情勢に無関心であったことから、『鎖国』状態であったのは間違いでない」（P171）

としているのは、健全なものの見方だ。

そのあたりは、著者・百田氏が関西人らしく、経済をそこそこ分かっているからではの美点である。しかし、さらに、そのせいで、軍事力にも圧倒的な差ができて、危うく植民地にされそうになったということも書いて欲しかった。「鎖国したから植民地にならなかった」などという妄説にきちんと釘を刺してくれるともっと有意義だったと思う。

文禄・慶長の役は勝利だったという見解には賛成

文禄・慶長の役については、『**日本国紀**』が日本軍の優勢で展開していたという正しい認識を踏まえているので歓迎したい（P157）。

この文禄・慶長の役についての正しい捉え方は、戦後においては、秀吉が耄碌《もうろく》し始めて、無意味で無謀で許されないし敗北だったと一方的に言わないと許されなかったのを、井沢元彦氏が初めて真正面から肯定論を取り上げたものだと思うが、『**日本国紀**』もそれを踏襲している。もっとも井沢氏の見解は少し極端に過ぎるが、『**日本国紀**』はもう少し抑え気味でより妥当だ。

慶長の役で大苦戦していたなどという戦後史観は史実に反している。文禄の役で進撃が早すぎて兵站《へいたん》がついていかなかったのを反省して、首都・漢城をいつでも落とせたのだが我慢して、南部の海岸地帯に倭城と呼ばれる城を築いて着実に支配を固めた。

そして、一五九九年に大攻勢をかけて決着をつける予定だったが、秀吉の死でいったん引き揚げることになった。ところが、この撤退を聞いて明軍は勇気が出て襲ってきたので、日本軍は、各地で苦戦しながら撤退を完了したというだけだ。

中国の史書である『**明史**』を引用して、

「明と朝鮮に勝算はなく、ただ秀吉が死去するに至り乱禍は終息した」（P158）

としているのも正しいし、李舜臣《りしゅんしん》の海戦での大勝利だとかいうのが虚構であるという指摘も正しい。

そして、『**日本国紀**』は朝鮮の兵士を使って中国征服も可能だったかもしれないという。しかし、そこは私は反対だ。

豊臣秀吉の間違いは、発想が陸軍軍人的だったことだ。日本が大航海時代に海外進出するなら、イギリスのように海軍国として行動すべきだった。

つまり、倭寇を正規軍に取り込み、朝鮮半島や中国の沿岸地帯に橋頭堡を確保して、海上交通を支配すべきだった。イギリスはヨーロッパで、フランス沿岸の海峡諸島、ジブラルタル、マルタ、キプロスなどを獲得して、前二者はいまもってイギリス領である。東シナ海や南シナ海でそのようにするべきだったのだ。

また、慶長の役でほどほどの結果で満足したいなら、のちに琉球王国に対して薩摩がしたように、半島南部や沿岸諸島における領土の割譲（奄美は琉球王国から薩摩に割譲された）、朝鮮王国への監督官の派遣、朝鮮王国を介在させての対明貿易あたりの条件ならあまり問題なく明は呑んだと思うし、それは、明の体制を安定させるのにも役に立っただろう。大陸は明、海洋は日本という棲み分けが西洋に対しても最強なのである。

また『**日本国紀**』では、鎖国しなかったらフィリピンやインドネシアを支配して、ベンガル湾でイギリスと雌雄を決していたのでないかとも言っている（P172）。

十八世紀におけるベンガル湾日英決戦というのは、京都学派の雄だった梅棹忠夫氏が唱えたものだが、着実に海軍力を磨けばあり得ないわけではなかった。

ただ、日本にとってそれが良かったかどうかは別だ。

江戸三百年で交通インフラはほとんど進歩なしだった

江戸時代は鎖国などするから、軍事技術は時代からどんどん遅れ、アメリカ南北戦争や普仏戦争と同時代に、エリザベス女王がスペインの無敵艦隊と戦っていた時代の武器で対応する羽目になった。

交通インフラでも、十七世紀にはフランスなどで近代的な道路が出現し、十九世紀に入るとイギリスを先頭に鉄道の時代が始まった。道路は戦国時代末期から江戸時代の初頭にかけて全国的な街道が整備されたが、そこから二世紀半の間ほとんどいっさいの改良が行われなかった。おまけに信長・秀吉によって廃止された関所が復活し、旅行の自由は大きく後退した。船は江戸幕府が大型船の建造を禁止したので、戦国時代より退歩していたのである。

秀吉の時代に大河川の改修が進み、淀川なら伏見まで大型船が遡上可能になり、豊臣秀頼の方広寺大仏殿工事のために一六一〇年までに高瀬川が開通して小型船が京都市中まで遡上できるようになったが、そこで進歩は終わっている。

竜骨（背骨に相当する部材）のある船が禁止だったので、岸から離れて航行できないので、北前船など一年一往復しかできなかった。上方から江戸への客船はなく、東海道ですら橋がないいくつもの河川を渡し船や大井川のように人足に担がれて渡りながら陸路で二十日間かかった。日本には馬車の時代もついにないまま、明治になっていきなり鉄道と自動車の時代になった。

飛脚のことも『**日本国紀**』は誉めているが、非常に高価で（一通が現在の感覚で数千円くらい）、しかも当てにならず、見知らぬ旅人に託す人も多かったくらいだ。

つまり、一六一〇年くらいから一八六五年くらいまで通信や交通は凍結どころか部分的には退歩していた。ところが『**日本国紀**』は素晴らしい通信や交通インフラがあったように書いてあるのだから困る（P191）。

犬のお伊勢参りといった楽しい話が素晴らしい話のように『**日本国紀**』では紹介されているが、街道が安全だったのは、戒厳令出しっぱなしみたいな状態で、旅行は原則禁止、関所だらけで、交通容量が極めて小さい中でこその話である。

幕末には大型船が解禁されたので、江戸から上方も、上方から薩摩も数日以内になったから、王政復古の直後に薩摩や長州の大軍が京都に到着できた。

悲惨な農村の状態を無視

農村の状況について『**日本国紀**』では、租税負担率はそんなに高くなかったことや、米をけっこう食べていたことが紹介されているのは本当だ（P197）。

江戸時代は米の年貢に頼ったために、各大名は米の生産を農民に強いて、その結果、米価は低くなり、農民も武士も窮乏化した。

そして、誰もが玄米ご飯と漬物など粗末な副食物で貧しい食生活を送り、しかも米のモノカルチャーが強制され、流通も藩まかせなので、全国的な飢饉対策が不在で、飢饉で大量の餓死者を出すことを繰り返していたという構造を理解していない記述になっている。

また、鎖国によって新作物や新品種の導入が遅れたので、同時期の中国などに比べても生産力は停滞していたことも無視されているが、これは江戸時代の評価をするに当たって、かなり大事な視点なのだ。

中国の清朝というと停滞イメージが強いが、それは、明治日本との比較の場合に言えることであって、江戸日本と比べればだいぶ良好な発展をしていたのだ。

江戸時代は農民が過酷な環境におかれて慢性的に不足し、逃散するおそれがあったので移住はもちろん、旅行は原則禁止だったのに、旅行が盛んに行われたような記述があるのも史実を反映していない。武士も同じであって、比較的、自由に旅行できたのは町人くらいだ。

農地開発は、江戸時代のはじめには、戦国時代に水攻めや築城で鍛えた技術が民生利用されて進んだが、後半は低調だったが、**『日本国紀』**はそこをごっちゃにしている。

城下町の素晴らしさも書かれているが（P193〜195）、それは、信長・秀吉・家康のわずか数十年に集中して造られたもので、後はほとんどまっとうな都市建設はなかった。

江戸では明暦大火のあとに、莫大な投資がされて幕府財政を傾けたほどだが、これは非常な例外だった。

水道についても絶賛しているが、日本は元々、山がちな地形がゆえにきれいな水は手に入りやすかった。たとえば京都では、井戸を掘ればよいのだから水道など必要なかった。ところが、もともと低湿地である江戸の町で、水道がそこそこ整備が進んだのは事実だ。しかし、十九世紀に始まった近代的な水道への移行はできないまま明治維新を迎えたというのが正しい。

大火事のたびに復興したことも誉められているが（P196）、鎖国もあって建築の不燃化が遅れていただけのことだ。

江戸の外食文化を先進的なものとしているが（P195）、中東では十字軍時代にでも家庭に調理場はなく外食オンリーだった。江戸時代の日本が外食が多いから先進的だったとは言えない。江戸の外食産業の発達は単身赴任都市だったことも理由だ。

また、江戸で上方より外食産業が発展したようなことを書いているが、上方が仕出しが盛んだったためで、それは現代でも名残りが残っていることであって、先進性の問題ではない。外食産業の店の数が多いことも誉めているが、日本の飲食店は規模が小さいので数が多いのは現在でも顕著な傾向だ。

江戸中期に当たる清朝の乾隆帝のもとでは空前のグルメブームが訪れ、日本からもフカヒレやナマコなどを盛んに輸出したし、ヨーロッパでもフランス革命期にカフェなどがどんどん広がっていっている。いずれも、江戸の町人文化が花開いた文化文政期より先のことだ。

また、江戸時代は封建制で、旅行や移住など移動の自由が極端に制限されていたので、地域格差が大きかった。そのために、江戸などの大都市とそれ以外は、今日の平壌と北朝鮮の農村のような差があった。江戸の町民の生活水準をもって当時の日本を語るべきではない。

高い教育水準という都市伝説を疑いなく受け入れ

鎖国によって輸入できなかったのはテクノロジーだと『日本国紀』はしているが、それだけではない。たとえば、幕末に不平等条約を押しつけられたのは、一六四八年にドイツ三十年戦争を終結させるためのウェストファリア条約が結ばれて近代国際法秩序が樹立されたのを、二世紀以上経ったペリー来航の時になっても知らなかったからだ。

民主主義とか人権とかも知られることはなかった。人文科学でも社会科学でも世界の息吹は日本にほとんど届かなかったが、それが無価値なものだったはずがない。大衆娯楽ものは、木版印刷でけっこう普及したが、活版印刷が導入されなかったので、出版点数は少ないままだった。

江戸時代の識字率とか教育水準が高かったという都市伝説は広く信じられているので、『日本国紀』だけを責めるつもりはない。しかし「世界最高の教育水準」（P１８５）とか、「世界一高い識字率」（Ｐ１８６）などと言われると困ってしまう。

日本語の識字率というのは漢字を相当に使いこなせる人の割合で考えるべきだ。現代でも新聞を何とか読むためでも、一千字くらいの読み書きができても十分ではない。寺子屋ではそんなレベルは無理だし、その意味で、江戸時代の識字率は相当に低レベルだったと理解すべきだ。五十文字の仮名を分かる日本人の割合が、数千字の漢字を分かる中国人の割合より多いというのを自慢してもフェアではない。

ただ、この仮名文字に限定した高い識字率を、戦国時代からそうだということを『日本国紀』が書いてあるのは、江戸時代の成果という間違いをしがちな歴史本のなかでは良心的だ。

藩校については、ほぼ各藩で出そろったのが天保期（一九三〇年代）だということ、漢学のみのカリキュラムで、生徒も上級武士の一部に限定されていたことなどに触れていない。漢学も科挙があった中国や韓国に比べると低水準だったことは言うまでもない。

とくに算術は武士にふさわしくないとされ遠ざけられていた。だから、明治になってアメリカに留学した初の理学博士、そして東京帝国大学総長となった山川健次郎は、会津の日新館で十三歳まで学んでいたが、九九《くく》を知らなかったそうだ。

江戸時代の教育を誉めているのは、多くの人が間違って高い評価をしており、『日本国紀』もそれをよく検討せずに踏襲しているだけだから批判しにくいが、江戸時代の優れた教育の基礎があったから世界で通用したという例として古市公威（土木技師）や北里柴三郎（医学者）

を挙げているのは不適切だ（P329）。

二人とも幕府が倒れたときに十三歳くらいであって、いずれも明治新政府のもとでの洋式教育から育った最初期の成果であって、江戸時代が続いていたら彼らが科学者になっていたなどあり得なかったのである。

古市は一八六九（明治二）年に開成学校に入学し、大学南校、開成学校諸芸学科を経て、一八七五（同八）年に文部省最初の留学生として欧米諸国へ派遣されることとなり、フランスのエコール・サントラル、パリ大学理学部で学んだ。

北里は学問に熱心な庄屋の子で、親戚の学者や塾で学び、一年だけ熊本藩時習館で学んだが、廃校になったので、熊本の医学校でオランダ人に学び、一八七五（同八）年に東京医学校（現・東京大学医学部）、さらにドイツに留学している。

幕末の変動期にあってたまたま恵まれた家庭での教育で育ち、明治政府の進める文明開化で才能を花開かせた人で、江戸幕藩体制下の教育システムから出てきた人ではないので、江戸時代の教育を誉めるのに引用するのは不適切だ。

庶民が学べる中等教育レベルの学校は、幕末までほとんど皆無に近く、ようやく幕末になって適塾（大阪）とか咸宜園《かんぎえん》（日田）といった例外的な私塾ができたのみだった。朝鮮で、草堂という漢学を教える塾が村々にあったのと比べて、中等教育の普及は遅れていたのである。

こうした状況なので、明治政府は、ほとんどゼロから一気に全国民を対象にした洋学による公教育制度を、当時としては、世界最先端の形で立ち上げたわけで、それが大成功したのである。また、自然科学や産業技術の方面で、名もなき庶民たちが工夫をして、そこそこ成果を上げていたことが称賛されている。

囲碁から出発した渋川晴海が天体観測して暦を改良したとか、庶民が数学のクイズをつくって算額というかたちで楽しんだ（P182〜183）とか、宇和島の提灯屋の前原嘉蔵が蒸気機関をつくった（P255〜256）とかいったことは、一人ひとりをとれば素晴らしいことだし、優れた国民性の発露であるのも否定はしない。

しかし、そもそも、西洋のように大学と専門教育学校が発展しなかった日本では、科学者や高度な技術者が出現せず、オン・ザ・ジョブトレーニングや趣味に近いかたちで、知識欲が満たされたり、技術開発が行われたというだけのことである。

そして、そういうことでは、実用を短期的に満たすことは出来ても、世界水準の発明や発見や学問の確立は無理で、それは文明開化を待たなくてはならなかったのである。

身分制の厳格さや過酷な刑罰について無理解

身分制について、「士農工商」という四つの身分に厳密に分かれていたという間違った常識を『**日本国紀**』が否定している（P173〜）のは、最近の歴史認識の修正を反映したものだ。

ただ、逆に、武士といっても、もっと細かく分かれていて、それぞれの身分の壁を破ることは極めて困難だったということを無視している。それを、「世襲は有名無実化していた」（P175）とか「江戸時代の身分制度はきわめてフレキシブル」（P175）とかいうのは誤りだ。福沢諭吉が身分制度は親の仇だといい、とくに、上士と下士の壁を乗り越えられたのは中津藩二百年の歴史で数例あるのみとしているほどなのである。養子でのし上がることはないでもなかったが、それほど飛躍した上昇が多くあったのではなかった。

ただ、幕末に近くなると、実力があれば、藩によってはそれなりの出世がそれまでよりは容易になったのであって、勝海舟や新撰組もその反映だが、そういう体制が崩壊していく混乱期の例外的現象を例に出して江戸時代の身分制の一般論を論じるのは間違っている。

ちなみに、付け加えると、薩長土肥というのは、例外的に西洋的な市民階層に似た層が存在した藩だった。薩摩や佐賀では武士の比率が非常に高く、土佐では郷士など中間身分があり、長州では身分を問わない抜擢が比較的だが存在した。その意味で、この四つの藩が維新の主役になったのは偶然ではない。

江戸時代の司法制度の前近代性や、サドマゾ刑罰は酷いものだが、それには触れていない。また、切り捨て御免について、斬り殺して処罰を免れた例は少ない（P175）という、何を根拠にしているかは理解不能だ。

江戸時代の刑罰についての統計などまともなものは存在しないし、切り捨て御免は裁判なしなので記録にも残らないのだが、たとえばNHK大河ドラマ「八重の桜」の主人公だった新島八重の兄で、百田尚樹氏も学んだ同志社大学設立の最大功労者の一人である会津藩士・山本覚馬は、銭湯で覚馬が武士だと知らずに無礼なことを言ったとして酔っ払いを「切り捨てご免」にして「お褒め」にあずかっている。

土佐では刀の鑑定を頼まれて良い評価を与えなかったのが侮辱だといって郷士を切り捨て御免にした上士が、さすがにそれはあんまりだというので騒動になったという事件があった。裏を返せば、本当に郷士が上士を侮辱したら幕末ですら切り捨て御免は何の問題もなかったことがわかるのであって、『**日本国紀**』の評価はおかしい。

徳川吉宗の創設した足高制というのがある。有能な人物を身分より高い地位につけるときに、職務にあるときだけ高い石高にすることだ。勝海舟が軍艦奉行にあったときだけ、二千石もらったりしたような制度だ。

これを『**日本国紀**』は誉めているが、戦国時代の先祖の功績による遺族年金としての石高が固定されて、無能な武士が高い石高をもらう一方で、このような制度でささやかに処遇してもらっても満足できるはずがない。そこで、役得を求めて汚職に走ったのであって、なにも人材登用しないよりはましというだけだ。

源氏しか将軍になれなかったというウソ

江戸時代の体制については、藩という名称が明治の版籍奉還のときに使い始められたものということについて正しい認識が示されている。史実だから別に誰が言い出したことではないが、その定説化にはだいぶ貢献してきたつもりだから『日本国紀』でもその話が取り上げられているのはうれしい。

ただ、全国が三百の藩に分かれていたという考え方は、重要地域のかなりが幕府領だったことを少し軽視していると思う。

徳川家康が将軍になるために源氏だと言い出したとか、秀吉が足利義昭の養子になろうとしたが果たせなかったとかいうのは古い説だ。松平氏が源氏というのが本当かどうかは不明だが、少なくとも祖父の代から新田氏一族であると名乗っていたことは確認されている。私は、おそらく三河にやって来たときからそう言っていたのでないかと解釈している。

また、朝廷は平氏である織田信長に将軍就任を打診しているし、五代将軍推戴時には有栖川宮家から将軍を招聘することが検討されており、『日本国紀』が言うような清和源氏に限るという不文律などなかったのである。

氏が源で、姓が徳川という使い方をしているが、そういう使い方はしない。徳川は苗字（名字）であって、源が氏ないし姓であろう。明治六年の戸籍法に基づき、氏と名に統一されたが、これは、近代法律用語である。姓名というのは少なくとも法律用語にはないはずだ。このあたりは朝鮮半島での創氏改名の是非にもつながる話なので、しっかりした知識を示すべきところだ。

加えて、関ケ原の陣と大坂夏の陣の間の時期にあって、豊臣秀頼が徳川政権下の「大名」だったとしているが。それはあり得ないというのが最近の通説だ。

徐々に立場は変化しているが、せいぜい豊臣と徳川の二重公儀制だと理解されているし、豊臣恩顧の大名が秀頼の家臣でなくなったこともない。このへんの認識は古い。

歴代将軍では、家康から家光までの将軍に対する評価とか政権の性格についての記述がない。五代将軍綱吉については、生類憐れみの令については同情的だが、綱吉の性格については独りよがりで暴走を繰り返したとして酷い評価だ。しかし、それがどういう意味を持ったかは書いていない。

ここだけに限らないが、ほかにも、脱線してのエピソード紹介が多い。豊臣秀吉は六本指があったのではないかとか、秀頼は秀吉の子でない可能性が多いなど最たるものだ。それは、それで面白いのだが、そのエピソードが歴史を語る上でどんな意味があって語られているか、意図がよく分からない。

勘定奉行だった荻原重秀はケインズ政策の先駆的実行者として高い評価だ。一方、新井白石が経済音痴で荻原の政策を台無しにしたという評価は正しい。それは、正しいと思うが、なんでもかんでも積極財政や金融緩和策をしたら正しいと言わんばかりに見えるのは単純すぎるし、貨幣改鋳は世界各国で古代からしばしば行われており、どうして荻原重秀がことさらに二百年もケインズより早くケインズ政策を実行したとか大げさな褒め方に値するかさっぱり分からない。

吉宗の頃からの年貢の取り方である定免法（定額制）が豊凶を判断しての検見法に比べて、領主に有利と言い切るのはおかしい。一般に、当初は領主に有利だが、農民が張り切って収量を上げげて収穫が増えた分は丸々残るようになるので、農民に有利になり、極端な財政負担率の低下をもたらしたのである。

田沼意次の経済政策への高評価と松平定信への厳しい評価は正しい。明治になって大企業は武士の世界の論理観を組織運営に持ち込んだ。「論語と算盤」を唱えた渋沢栄一など最たる者で、松平定信を論理性の高い政治家として称揚したりした。

確かに松平定信にある種の精神性の高さはあるが、それが、彼の政策、ことに経済政策が正しかったことを意味するものではないのだが、近代日本ではあいかわらず、商人は倫理性の低い職業のように扱われた。

滋賀県出身の私に言わせれば、「三方良し」に代表される近江商人の倫理観の方がよほど良質だし、経済の分からない歴史学者が経済政策の評価などするなと言いたいところだ。

　日本史の経済政策に専門的な見地からメスを入れて歴史ファンに知らしめたのは、堺屋太一氏で、私も百田尚樹氏も関西人として同じラインの上にいるし、名古屋出身の井沢元彦氏もほぼ同じラインだ。

　ただし、田沼意次が失敗したのは天災だけが理由ではないのであって、政治的な背景をもう少し論じるべきだ。

　それに限らず、幕藩体制については、それがどのように安定して三百年継続できたのか、また、それがなぜ崩れていったのかについて解説が不十分なので、幕末の混乱の開国をめぐる論争だけが原因のように読めてしまうのは物足りない。

第六章

長州と尊皇攘夷はお嫌いらしい

〜明治維新は世界的事件ではないのか

「尊王攘夷」への無理解と長州嫌い

江戸幕府がなぜ倒れたのか。**『日本国紀』**がどう分析しているのか読み終わってもよく分からないのだが、それは、「尊王攘夷」という思想への誤解が原因であるように見える。

「尊王思想」については、徳川慶喜が新政府と最後まで戦わなかったことの説明で、水戸出身であることと関連づけられているだけだし、本居宣長も「国学」という言葉も出てこない。攘夷にいたっては、無謀で非現実的な考え方という捉え方で、尊王攘夷派の志士たちはテロリストとしか描かれていない。

たしかに、戦後史観の人たちには、

「長州は黒船来航のときに抵抗など出来ないのに、尊王攘夷というポピュリズム的な主張をして支持を集めて幕府を倒し、自分たちが政権をとったらあっさり幕府が主張していたのと同じような開国政策をとった。それならはじめから幕府のいうとおりすればよかった」

などと言う人が多く、**『日本国紀』**もそういう考え方を踏襲しているように見え、ペリー来航以来の流れを次のように説明している。(P231〜)

① ペリー艦隊が来ることはオランダから予告されながら、阿部正弘を筆頭とする幕閣が対策を取ることを怠ったということは正しく評価している。

②　和親条約は仕方なかったが、勅許なしでの修好通商条約もやむを得なかったとしつつ、治外法権と関税自主権を呑んだことと、安政の大獄がやりすぎたことと、桜田門外の変の時に彦根藩士たちが油断していたことだけは批判しているが、おおむねすべて仕方なかったという評価だ。

③　幕府は和宮降嫁の際の朝廷の要求を呑んで攘夷決行の約束をしてしまい、のちになって将軍家茂がそれが不可能であることを説明しに上洛するが説得できなかったのは、尊王攘夷の志士たちのテロと一橋慶喜の軟弱さだとする。また、開国に伴う経済困難は幕府の評判を落としたとする。

④　薩摩と長州は薩英戦争と四国艦隊の下関砲撃で攘夷の無謀さを知った。そして、坂本龍馬の仲介で薩長が手を組みイギリスと連携し、フランスと連携し積極的な改革を進めた幕府とが対決したが征長戦争では長州が勝った（理由は書かれていない）。将軍となった徳川慶喜は土佐の斡旋で大政奉還で先手を打つが、王政復古というクーデター、鳥羽伏見の戦いで敗れ、江戸無血開城までしたが、薩長は無用な戊辰戦争を起こしたとする。

しかし、これでは、幕府の最初の対応がまずかったのは分かるが、あとはおおむね妥当な動きをしたと**『日本国紀』**が評価する行動をしている立派な幕府が、なぜ薩長に負けたのか説明にならない。また、薩長が西洋との戦争で負けて初めて目を開いたというのも事実に反するのである。

そもそも、攘夷派といっても、長州について言えば、ペリー艦隊に小舟で乗り付けてアメリカに連れて行って欲しいと頼んだ吉田松陰や、自ら上海に乗り込んだ高杉晋作、イギリスに留学した伊藤博文や井上馨が偏屈な排外主義者のはずもない。

それ以前に、長州躍進の基礎を創った村田清風も海外雄飛を論じていた。大陸への夢はかつての領主である大内氏が百済王家の末裔であり、日明貿易の窓口をつとめ、毛利氏が文禄・慶長の役の主力だった長州の伝統だった。

つまり、長州が下関で欧米に敗れて突然に方向転換したように『**日本国紀**』が言うのは間違いで、日本をひとつにまとめ、場合によっては戦いも辞さず、日本の独立を守り、海外諸国に伍していこうとする前向きの気持ちが長州における攘夷なのである。

そして、実際、あとで詳しく説明するが、幕府はペリー艦隊と戦うことだって十分に可能で、負けるはずなかったのであるし、薩英戦争でも四国艦隊砲撃でも薩長は善戦しているのである。そして彼らは断固として抵抗したことで相手の尊敬も勝ち得たのである。

坂本龍馬は「日本をいまいちど洗濯いたし申候」という言葉を遺しているが、これは時として誤解されるように行政改革の標語でなく、長州の砲撃で傷んだ外国の軍艦を幕府が自分の造船所で修繕したことを怒ったものである。

そもそも、最初から戦わないと決めていたからペリーの言うがままになっただけである。攘夷派の言うように、外国の言うがままに押し切られてしまうことは拒否して、場合によっては戦うつもりで交渉すべきという方針は無謀でも何でもなかったのである。

佐賀の名君で海外事情に詳しい鍋島直正は、「交渉は長崎でというのはいくら武力で脅されても譲るべきでない」と主張したが、このあたりが真っ当な意見だった。なにしろ朝鮮ですら、フランスやアメリカを撃退していたのだ。

いずれにしても、平和ボケを嫌う『**日本国紀**』が健全な国防意識を持った攘夷派を正しく評価しないのはまったくもって奇妙だ。

一方、尊王というのが何かと言えば、日本人がひとつに心を合わせて外国に当たるためには、朝廷を中心にするしかないという思想だ。幕末の多くの人が「封建制から郡県制」という標語で中央集権制への移行を主張したが、幕府を中心にそれを実行するのは、田沼意次の改革がつぶされたあとは、もはや無理だった。

水野忠邦、井伊直弼、小栗忠順なども、幕府中心の郡県制を望んだのかもしれないが、現実性はほとんどなかったように思う。

しかし、領地を返上する相手が朝廷なら大名たちも納得したわけで、それであればこそ明治四年の廃藩置県が可能になった。

なぜなら、たとえば、廃藩置県をするために、禄を幕府に進呈する大名がいたかと言えばなかっただろう。そもそも、徳川が天下をとった経緯からして、豊臣大名の一人であった徳川家康が、豊臣家に謀反を翻した西軍を関ケ原で破ったという建前であって、大名たちと上下関係なのかすら曖昧だった。

だから、譜代大名はともかく外様大名や、さらには、御三家なども将軍家と自分たちは対等という意識があった。

『日本国紀』では水戸家が特別にそういう意識だったと書いてあるが、幕末の動きを見れば尾張も越前も同様の意識だったことが分かる。

あるいは、薩摩などが始めは望んだように、ドイツ帝国型の雄藩連合に国のあり方を持って行く可能性も論理的にはあったが、そのためには、幕府がプロイセンのようにもっとも強力な諸侯になる必要があった。

しかし、現実には、軍事的にも幕府は諸侯に軍勢を差し出させるだけで直轄軍は弱体だったし、経済についても改革が進んでいたわけでもない。

また、少なくとも大名領の再編成で、飛び地などが点在する「割れたビスケット」のような統治体制を改変する必要があった。

それを試みたのが、天保の改革での水野忠邦だったが、庄内・長岡・川越藩の三角トレードを試みた「三方領知替え」は譜代筆頭庄内藩の反対で、江戸・大坂周辺の諸藩領を幕府領にする「上知令」は大阪郊外平野郷を領する結城藩主で次席老中であった土井《どい》利位《としつら》の反対で阻止されたくらいだから、外様大名まで巻き込んだ再編は無理だった。

ところが、『**日本国紀**』には、そのようななぜ幕府の改革ができなかったかの理由や経緯がまったく書いてないので、なんで幕府は倒れたか分からなくなり、読んだ印象としては薩長にイギリスが、幕府にフランスがついて、その力比べで幕府が負けただけなような印象すら与えている。

私は幕府が倒れたのも論理必然だし、薩長土肥が維新の主役になったのも偶然の勝者ではないという意見である。

江戸幕府が世界の動きを注視しなかった理由

江戸三百年をいくつかの時期に分けるのは難しいが、私なりに四つの時代に分けるとすれば、四代将軍家綱の時代までが前期（一六〇三～八〇）、五代将軍綱吉から十代将軍家治までが中期（一六八〇～一七六一年）、十一代将軍家治から十二代家慶までを江戸後期（一六六一～一八五三）、そして十三代家定から最後の将軍慶喜までを幕末（一八五三～六七）ということにしたい。

このうち江戸後期を『**日本国紀**』がどう捉えているのかというと、次のようなところではないか（P231～）。

①　ロシアやイギリスの船がやって来るようになって、植民地化の危険が迫ってきたが、幕府は打ち払えと言ったり、薪水くらい供給してもいいと言ったり場当たり的な政策を繰り返し、内政も田沼意次は意欲的だったが、松平定信は後ろ向き、あとは無気力だった。

②　海防を怠った背景には、「言霊主義」がある。言葉に出したことは、そうなることを願うのと同じであるからといって、嫌な可能性は言葉にしなかったのでペリーが来航したらお手上げだった（井沢元彦氏のよく知られた言説であり、それを採ったのであろう）。

そして、

「私は、日本人は世界のどこの国民にも劣らない優秀な国民だと思っている。これまで述べてきたように、文化、モラル、芸術、政治と、何処の分野でもきわめて高いレベルの民族であり国家であると確信している。しかし、幕末における幕閣の政治レベルと国際感覚の低さだけは、悔しいながらも認めざるを得ない。世界情勢に背を向け、ひたすらに一国平和主義を唱え、そこに日本人特有の『言霊主義』が混ざり合った結果、このような無様な事態になってしまったのだ」（P236）

という。

しかし、事なかれ主義で、勇気をもって困難に立ち向かうということが苦手な民族であり、そのことが国家としても、企業などでも、個人としても、さまざまな困難の原因となっていることは周知のとおりで、別に幕閣だけがそうだったわけでもない。

とくに、トップに調整型で人当たりは良いが、思い切った改革ができる人物をあてないとか、そういう人をなかなか育てないのも日本人なのではないか。だから、こういうときにだめなのは「日本人」なのである。

幕政改革の失敗と雄藩における名君の時代

江戸時代後期の大きな政治史の流れは、

○田沼意次時代

←

○松平定信の寛政の改革（定信自身の老中在任は短期間だがそののちしばらく「寛政の遺老」の時代があって路線は継続）

←

○将軍家斉親政でバブリーで無為無策の時代

←

○水野忠邦の天保の改革

と続く。このうち、田沼意次や水野忠邦は、海防についてかなり健全な考えをもち、開国へ向かうしかないと考えていたことは共通している。ただ、田沼はそのためにも経済の活性化が必要と考えたが、水野はむしろ幕府中心の中央集権化が必要と考える一方、経済の活性化には興味がなかった。

松平定信は、ともかく海防も改革も引き延ばし策に徹した。たとえば、蝦夷地を開発するとロシアが欲しがると困るので、開発せずに未開地のままにしておくといった調子だった。そして、蘭学についても、医学すらその採り入れに否定的で、その理由として日本人とオランダ人では身体の構造が違うので役に立たないだろうとか暴論を吐いている。

そして、松平定信と水野忠邦の共通点は、税収構造をそのままにしておきたいものだから、租税負担率の逓減《ていげん》を防ぐために、むしろ、税金を上げるのではなく、ＧＤＰが上がらないようにすればいいといった発想をとったのである。贅沢品や娯楽が存在しなければ旧来の年貢でまかなえるという発想だ。

また、松平定信など人材登用に熱心ではあったが、主として現場の代官レベルにとどまり、国政改革にはつながらなかった。それに対して、同時代の雄藩では、より根本的な改革が進み、藩政を上級武士出身でない者が牛耳ることもあった。

藩政改革がもっとも成功した藩のひとつが、薩摩藩であったが、そのときの名君が島津重豪《しげひで》である。私はこの人のことを「江戸後期の信長」と呼んでいる。自ら中国語や蘭学を学び、シーボルトを引見したり長崎を訪問したりしたほどだが、さらに、密貿易まで手を染めた。それが許されたのは、重豪が将軍家斉の正室夫人の実父だからだった。

そのお膳立てをしたのは、将軍綱吉の養女（公家出身の側室の姪）だった竹姫という女性である。吉宗が継室に望んだという噂もあったほどだが、島津家に輿入れをした（余談だが、このとき薩摩が出した条件のひとつが藩邸に神田上水の水を供給することだった。『日本国紀』は江戸の水道を普請めているが、大名屋敷ですら苦労していたのだ)。

この宮廷政治に長じた女性が、徳川と島津の縁組みを強化すべく大活躍して、ついには、その延長線上で御台所まで島津から出したのである。このお陰で、関ケ原の敗者で弱い立場だった島津は一躍御三家並みの位置づけを得て、取り潰しを心配することなく大胆な藩政改革に成功した。その曾孫が斉彬や久光だが、路線を敷いたのは重豪だ。

また、田沼意次や松平定信の時代には、上杉鷹山が活躍した。それより少し前の時代の名君には、熊本の細川重賢《しげかた》とか長州の毛利重就《しげなり》がいる。こうした名君は、だいたい、倹約・人材の登用・藩校の設置・産業振興などをセットにした藩政改革に成功している。

さらに、水野忠邦による天保の改革の時代には、水戸斉昭、鍋島直正、それから長州では家老・村田清風により改革が行われて、軍事力の強化にも成功している。

ところが『**日本国紀**』では、天保期から明治初年まで佐賀藩政を牛耳った鍋島直正と、もう少しあとの時代の島津斉彬しか藩政改革の話が出てこない。鍋島直正についても天保期でなく、幕末の活躍が主だ。

幕府がダメになったのは、こうした雄藩における藩政改革に匹敵する改革が行われなかったからだ。そして、雄藩で行われた改革の延長線上に明治日本があるのだ。

それにもかかわらず、雄藩での変革について『**日本国紀**』で非常に少ない記述しかないのは歴史観として間違っていると思う。

ペリー艦隊に抵抗したら勝てたはず

浦賀へのペリー来航の少し前まで最高権力者だった水野忠邦（一八二八～四四に老中。ただし、中断あり）は、非常に高い国防意識をもっていたし、問題の所在を隠していたわけでもない。その水野忠邦のライバルだったのが阿部正弘で、彼が老中のもとでペリー来航を迎えるのだが、水野はオランダからペリー来航を知らされていたのに傍観した。ただし、対策を講じなかったのではなく、やって来る前から対策をと言っても、うるさ型たちが対策に同意してくれそうもないから、来てから対処しようとしていたのだろう。

そして、庶民にまで対象を広げて意見募集して、それが下級武士や庶民までが政治に興味をもつきっかけを与えた。また、阿部は朝廷にも意見はどんどん言ってくれとして、その後の朝廷による政治介入へ道を開いた。

『**日本国紀**』は、

「何がベストかわからなかった阿部は・・・・」（P232）

としているが、そういうことではない。頭脳明晰で人当たりのいい能吏で、平時にはよき宰相だっただろうが、乱世向きの人ではなかったのだ。

しかし、黒船来航が庶民にとって青天の霹靂だったことは当然だが、幕府にとっては予告されていたとおりのことに過ぎなかったのは、すでに紹介した通りである。

ペリー艦隊はわずか四隻、乗組員は総勢で八百八人で、アメリカの海軍力はアルゼンチン、チリ以下で後方支援も無理だった。アメリカはカリフォルニアを併合してから五年しか経っておらず、パナマ運河もなかったので、ペリーは東海岸からケープタウン、シンガポール、上海、那覇経由で浦賀にやってきた。

幕府が屈服したのは、西国大名に大型船の保有を禁じたので海防は要らないと思っていたために、江戸の町は海から攻められると弱い構造になっていたからだ。しかも、海岸から二キロメートルほどのところに江戸城があって大奥があり、まわりには大名屋敷があって大名の家族が集められていた。

しかし、それでも陸戦部隊が上陸して、戦端が開かれても、数日のうちに引き揚げなければ、アメリカ人は全滅していたはずだ。せめて、ペリーが翌年の来航を予告して帰ったあと幕府は大急ぎで大名家族を国元へ避難させ、甲府城あたりに将軍を移せるよう手配すればよかったのだ。

もちろん、戦わないほうがいいに決まっているが、場合によっては戦うぞという姿勢さえなかったのはあきれたものだ。その後の、薩英戦争と四国艦隊砲撃事件で薩摩や長州はそれぞれ善戦し、だからこそ、その後、有利に交渉をできた。

幕府衰退の経緯を説得的に説明できていない

日米和親条約締結から、勅許がないままでの日米修好通商条約の締結までについて、『日本国紀』は、淡々とした記述に終始している。しかし、条約勅許をなぜ幕府が得ようとしたのか、どうして孝明天皇がそれを拒否したのかを、政治論としては、もう少し説明しないと幕末の騒乱を論じられないと思う。

朝廷と手を結んで違勅を責めた水戸斉昭を押さえ込むために、井伊大老は安政の大獄を断行した。これは、少しやりすぎで、その結果、桜田門外の変で井伊直弼は暗殺された。

このとき、テロに遭ってもすぐに行動できる準備もしていなかった彦根藩士の体たらくを『日本国紀』は活写しているが、これは、なかなかいいと思う。武士たちの堕落を象徴するエピソードだからだ。

そのあとの、公武合体路線と和宮降嫁と攘夷の空約束の無責任さの指摘ももっともだ。しかし、小康状態のあと起きた、島津久光による一八六二（文久二）年の上洛および江戸下向が、『日本国紀』では、飛ばされてしまっている。

これでは、なぜ、幕政が大変革したのか不明なままだ。私はこれこそが、フランス革命におけるバスティーユ監獄襲撃に匹敵する出来事と位置づけている。

『**日本国紀**』は、テロの嵐が吹き荒れる京都に松平容保が京都守護職として乗り込んで心の広い宥和策を掲げたり、将軍家茂が上洛して開国の必要を訴えようとしたが、物わかりの悪い攘夷派に邪魔されてうまくいかなかったということで片づけている。

そこで会津と薩摩が組んで「八月十八日の政変」を起こして長州など尊王攘夷派を追放したとか、それに怒った長州が「禁門の変」を起こしたといった重大事件も触れられていない。

そのあとは、生麦事件でイギリス人を傷つけた薩摩藩は薩英戦争でイギリスに敗れ、無謀にも外国船への砲撃をした長州は四国艦隊の砲撃を受けて攘夷の無謀さを悟り、結果、イギリスと接近したというようなアンチ薩長土肥のよく展開するステレオタイプの説明だ。

その一方、幕府は小栗忠順のような有能な人材を登用し、存分に近代化のための力を振るわせたのだそうだ。

しかし、これでは、なんで倒幕されてしまったのか、さっぱり分からないことになる。

実際には、雄藩に比べて幕府での人材登用は非常に限定的で、とくに、中枢はそうだった。勝海舟は持ち前の社交性で交友関係を拡げて異例の出世をするが、結局は失脚したし、川路聖謨や榎本武揚にしても幕政の中核になったわけでない。

なにしろ、王政復古後に再起を促された徳川慶喜が、

「西郷や大久保は幕府にはいない」

と言い、明治になってから、

「いないのではなく、登用の道がなかったのだ」

と述懐しているのである。中堅幹部としての登用が限界だったのである。

『日本国紀』が絶賛する小栗忠順《おぐりただまさ》は、三千石という超高給旗本だ。頭脳明晰で行動力もあるが、独りよがりで対人関係は苦手、ロッシュの甘言に乗せられてフランスに入れ込んで莫大な借金をしようとした。

このころは、フランスが外交的失敗が重なったし、プロイセンと戦争寸前、イギリスと積極的に対抗できる状況でなかったからロッシュが先走っていただけだったので、乗っても梯子をはずされただろうし、もし、うまくいったらナポレオン三世はかなり欲深い報償を要求しただろう。

しかも、三河以来の旗本である小栗は、幕府絶対主義で、朝廷のありがたみが理解できなかったから、全国に広く吹いていた尊王を軸に据えて国を守っていこうという論理についていけなかった。そういう頭の固さがあったから、三千石もの大旗本にもかかわらず幕閣の中心としての地位すらも安定して占められなかったのである。

明治になって彼が殺されたのも、新政府に協力するわけでもなく、抵抗したり逃げたりするわけでもなく、漫然と領地に引っ込んで武装していたからで、迂闊だっただけだ。

もちろん、生き残ってプライドを棄てて新政府入ったら、有能な官僚としては重宝されただろうが、それ以上だったとは思えないし、彼の性格からすればそれも難しかっただろう。榎本などが成功したのは、もともと旗本ですらなかったから余計なプライドが邪魔しなかったからだ。

新撰組にしても、正規の幕臣にしたわけでなく、たいした給与も与えず、庶民から巻き上げた金で暮らすヤクザを警察に協力させた程度のことにすぎなかった。

そういう彼らだから、京都市民の評判は悪く、長州など勤王攘夷派に人気は集まったのである。人気者としての新撰組は現代のドラマや小説の世界にしか存在しないし、会津の評判も散々だったのだが、『日本国紀』はそういう事情を踏まえていない。

『「日本国紀」の副読本』は、いいこともたくさん言っているが、尊王はうさんくさく、攘夷は建前だけ、「孝明天皇は討幕派に暗殺された感じがしています」(P222)だと書いている。孝明天皇の病状は細かい記録が残っており不審なところはないのに困ったものだ。

薩摩はなぜ幕府を見限ったのか

長州については、非常に冷淡な扱いだ。幕末にどのように雄藩として台頭したかも書いていないし、吉田松陰は安政の大獄で死刑になったことだけだ。ついでに言えば、中世史の最重要大名である大内氏も登場しないし、戦国時代の毛利氏もその他大勢だ。

『日本国紀』は征長戦争での長州の勝利を、薩摩の支援と坂本龍馬のお陰で最新武器を手に入れただけでもたらされたのに近い書き方をしているが、そうではなく、長州が近代国家の母体となるにふさわしい精神と体制をもっていたからこその勝利だったことを軽視しすぎだ。

それは、明治になってからの活躍についてもそうで、伊藤博文は下関砲撃事件についての証言者としてと、朝鮮統監として登場するだけで明治憲法の起草者としても初代首相としても日清戦争を勝利に導いた首相としても登場しない。

山県有朋《やまがたありとも》は明治初年の汚職嫌疑だけ、桂太郎もほとんど出てこない。土佐もほとんど坂本龍馬しか登場しない。通史を書く人間は、バランスというものを考えるのだが、『**日本国紀**』にはそうした配慮はまったくない。それが百田節の魅力と言えばそうなのだが、そういうことなら『**日本国紀**』というタイトルはふさわしくない。

それでは、薩摩の迷走をどう考えるかだが、薩摩は長州と違って、藩主独裁だった。そこでは、長州と違って薩摩藩などなくなってもよいという発想が生まれにくかった。また、幕政から遮断された外様大名だった長州と違って、御台所を十一代将軍の茂姫ののち、十三代将軍家定のもとに篤姫《あつひめ》を出すなどして、幕府中枢に食い込んでもいた。

それが、倒幕に踏み切ったのはなぜかというと、そこは『**日本国紀**』でもしっかり書けていたのだが、島津久光に対して徳川慶喜が礼を失した態度をとったのがきっかけである。

だが、いったい久光はどうしたかったのかは、書かれていない。島津久光は、将軍になれるとは思っていなかったにせよ、最有力諸侯として徳川将軍家に次ぐ国政の有力者でありたいと思った。ところが、慶喜は将軍就任前の一橋慶喜時代ですら久光より格上であることを示そうとしたし、将軍になってからは、ますますそうだった。

また、薩摩は長州に幕府が取り潰しとか大幅な減封や移封、藩主の死罪などを課したりすると、明日は我が身と心配して、倒幕に舵を切ったのだが、そうしたことは『日本国紀』には何も書いておらず、兵庫開港問題など細かい対立が原因のような書き方だ。

薩摩については、久光の兄で英主として知られた斉彬のことは詳しく書いて誉めているが、薩摩の基礎を築いたのは、その曾祖父の重豪《しげかた》だし、倒幕は久光の功績で、斉彬のようなお利口さんでは中途半端になったのでないかと思う。

明治になってからの廃藩置県への歩みでの薩長の役割もほとんど書いていないが、元々藩主が弱い長州はともかく、薩摩が藩を解消することに同意できたのは、新政府の発足で、西郷や大久保が久光から独立して政府に参加したからだ。

坂本龍馬は下関市民だから反倒幕派のはずがない

土佐についてては、『日本国紀』はほとんど坂本龍馬の動きだけを書いているので、藩の動向が分からないが、守旧派、吉田東洋や後藤象二郎のような改革派、尊王攘夷派が壮烈な派閥争いをして、殿様の山内容堂は彼らの危ういバランスの上に乗っかった存在だった。

いったん武市半平太らの勤王派を粛清したが、征長戦争での幕府の敗北を見て、後藤象二郎が、尊王攘夷派の生き残りで脱藩して薩摩の庇護のもとにあり、長州にも太いパイプがあった坂本龍馬の協力を仰いだ。そして、坂本龍馬が徳川慶喜を会津などと切り離す工作に成功したのが大政奉還である。

『日本国紀』では、大政奉還を慶喜が圧倒的な石高をもつ徳川家の力を実質維持できるとみて採用し、また、龍馬もそれを容認していたような書き方だが、龍馬はむしろ会津など守旧派から慶喜を引き離そうとしていたのである。

そして、慶喜は王政復古で辞官納地を要求される前に、先手を打って幕府領の半分を新政府に差し出し、残りも三分割くらいするとか提案すべきだった。もともと、福井の松平春嶽などですら、将軍でなくなった徳川宗家は江戸城を退去し数十万石でよいとしていたのである。

それでは、なぜそれができなかったかといえば、そういう提案に慶喜が傾かないように、仲介役の龍馬を会津藩関係者が殺したからに他ならない。

龍馬暗殺の謎などと言うが、それは、暗殺直後にはそうだったが、鳥羽伏見の戦いののちに会津藩幹部手代木伝左右衛門の弟で幕臣になっていた佐々木只三郎が主犯であることを実行犯の一人が自白し、手代木は明治中期に死ぬ間際に、松平容保ないしその弟の松平定敬の指示であることを遺言しているのだから謎など何も残っていない。

『日本国紀』に欠けているのは、龍馬が長州とつながりの深い尊王攘夷派だという視点である。

大政奉還を慶喜が倒幕派に対して打った反撃と見るのは誤りだし、

○会津ら強硬派を切り捨てての大政奉還

↓

○慶喜をめぐっての越前・龍馬などと会津などの対立

↓

○会津藩関係者による龍馬暗殺

↓

○慶喜の先手妥協案が間に合わず王政復古

↓

○慶喜の意図に反した鳥羽伏見の戦い

↓

○松平容保を人質のように拉致しての大坂城脱出

↓

○会津関係者の江戸城からの追放

といった流れが不明確になっているのは、すべて龍馬が長州に近いことがウリの人物だという視点を欠いているからである。

忘れられがちだが、龍馬は長州に妻である「りゅう」を住まわせていたのである。つまり、暗殺されたときの龍馬は下関市民だったし、長州の意向に反したことなどできる立場でなかった。

ところが、『**日本国紀**』は会津が好きな人の影響下で書かれているから、会津が幕府に忠実だったわけでもないとか、新撰組など使って京都で評判が悪かったとか、容保は無能で慶喜にとって足手まといだったという事実を避けて歴史を理解しようとしているから、維新の全体像が見えなくなっている。

松平容保についてさらに言えば、容保は「孝明天皇を欺いて開国しよう」という幕府に忠実だったのでなく、「幕府に攘夷を実行させる」という孝明天皇の現実性のない要求を真に受けて動いたので、幕末政局を混乱させただけで、少なくとも幕府に忠実だったわけでないし、孝明天皇にとっては、君側の奸だったというのが私の解釈だ。

したがって、孝明天皇が崩御されたら居場所がなくなって慶喜からも邪魔者扱いされただけだ（崩御されなくてもすぐに行き詰まっただろうが）。

全体として、幕末の動きについて、『**日本国紀**』の扱いは会津藩に異常に甘い。ついで、薩摩と佐賀への評価が高い。

司馬遼太郎に影響された？

戊辰戦争について、恭順している会津に過酷な態度をとった新政府側に責任があると断言しているが、これも史実を踏まえていない。

「明治政府による奥羽列藩同盟討伐は、一分の正義もないものであった。徹底抗戦を宣言した相手ならともかく、恭順の意を示した相手を討伐する理由はない」（Ｐ２８４）

などと書いている。だが、松平容保が慶喜から江戸を追放され会津に帰り、江戸が無血開城になったのち、不穏分子は東日本のあちこちで反抗のチャンスをうかがっている中で、会津が表面上は新政府に恭順しているからといって、新政府がとくに措置を執らなかったら、体制の安定など不可能だった。

征長戦争のときでも、長州が恭順の態度を示しても無罪放免などとはならなかったし、鳥羽伏見の戦いのあと西日本で新政府に抵抗した藩は、莫大な賠償金を払い、東国に派兵するといった条件で許されている。

そんななかで、新政府が会津に容保の切腹を要求したのも、交渉を始める言い値としては当然であって何も過酷な要求でない。それまでの例からして、新政府がそれにひたすらこだわったとも思えない。

仙台藩と米沢藩が、「容保の蟄居」「家老の切腹」「減封」で収めようという提案をしたのは、第一次征長戦争の和解条件などと比べても常識的な落としどころだった。

ところが、これを会津が藩内の派閥争いもあり、頑なに拒否した。藩内でも京都で容保を補佐した人たちは、容保が失脚すると、藩内での粛清が怖いから必死だった。

そうこうしているうちに、新政府の軍監だった長州の世良修蔵に対する仙台藩士のテロ事件をきっかけに仙台藩が暴発したのが戊辰戦争である。

そのへんをすべて無視した会津側のプロパガンダ史観とそれに騙された司馬遼太郎の小説に影響された歴史認識である。

また、戊辰戦争で苛政で苦しんでいた東北の民衆が武士とともに戦わず、むしろ官軍に協力したという事実は、板垣退助の四民平等の主張と自由民権運動の原点となったが、そのあたりも無視されていて公正さを欠く。

『**日本国紀**』は、もっと旧体制を温存する形で進めることは可能であり、そうならなかったのは、薩長や岩倉具視らのわがままのような書き方をしているが、彼らの果敢さがなければ、日本が近代国家に生まれ変わることなど不可能だった。

改革は守旧派を再起できないように追い込まないとできるものではないというのは当たり前なのだが、それを悪いことのように決めつけている。

廃藩置県がうまくいったのは、各藩の借金を新政府が肩代わりしたことに加えて、

「戊辰戦争で政府に逆らった奥羽列藩同盟の悲惨な状況を見ていたため、抵抗しても無駄だと考えたのかもしれない」（P288）

と書いているが、その通りである。ならば、恭順の意くらいでは不十分という方針を「一部の正義もない」などと軽々に言うのはおかしい。

東京遷都については、なぜそれが必要だったかという議論が大事だと思うが、江戸という名を残すべきだったということのみが語られている（P287）のは作家としての興味があるからだろうから仕方ないが、本質はそこではない。

廃城令については、

「一部を残してすべての城が取り壊された」とか、

「特例で取り壊しを免れた姫路城や彦根城は、現在、国宝になっている」

などと書いてあるが（P288）、これはまったく事実誤認だ。

廃城は公的施設としての城をなくすことであって、取り壊しを意味していないし、だいたいはメンテナンスコストとの見合いで残すか壊すかは建物や施設ごとに決められた。

天守閣について言えば、その定義があいまいだが、いちおう計算すると、廃城のころに取り壊されたのが二十城、その後、太平洋戦争までになくなったのが二城、太平洋戦争で焼けたのが六城、戦後の火災で一城、現存が十二城である。そして、その十二の現存天守のうち五城だけが国宝だ。（拙著『江戸全170城最期の運命』知的発見！BOOKS）

明治憲法に対する評価が低すぎる

王政復古から憲政の確立までの捉え方について、『**日本国紀**』はユニークだ。新政府の構成などは「維新の立役者となった一部の重鎮」が担っていたとされ、そのもとで「五箇条の御誓文」が制定されたこと、そこでいう「万機公論に決すべし」は聖徳太子の十七条憲法における「和を以て貴しとする」に通じるものであることが強調される。

そして、岩倉使節団の帰国後の政変で、留守部隊と使節団参加者が対立して、「土佐・肥前は政府の中枢からほとんど一掃され、以後、薩摩・長州閥が幅をきかす」（P295）という。しかし、征韓論による対立のあとも、大隈重信ら佐賀や土佐出身者は残ったし、薩長より三条実美・岩倉具視という公家が頂点にあったのだから、言い過ぎだ。

そして、憲政への移行の方針を巡ってイギリス流の方式を目指した大隈らが下野して、大陸型の憲政を目指した伊藤博文らが残って明治憲法の起草にあたるのだが、そのあたり、考え方の違いや「明治十四年の政変」などについての記述は『**日本国紀**』にない。

そして、明治二十二（一八八九）年に大日本国憲法が発布され、翌年に国会が開設されたことは書いているが、それに先立つ明治十八（一八八五）年に伊藤博文が内閣制度を発足させたことや、明治憲法の起草者も伊藤であることは触れられていない。長州嫌いは徹底しているように見えてしまう。

また、「アジアで初めての立憲国家」であることは書かれているが、トルコやロシアなどに先立つものだったことや、その内容が戦後史観のなかで批判されていたように、民主主義を否定した遅れたものではなく、先進的な内容だったことなどが書かれていないのは意外だ。

文明開化については、詳しく紹介されているが、とくに高く評価されている義務教育の確立に力が入れられ大きな成果を上げたことが書かれていない。この点は、中等教育の充実を要求した士族の意見を退けて明治政府が貫徹して成功したところであるし、福沢諭吉なども絶賛したことだが、どうして重要視しないか不思議だ。これに触れず、江戸時代のプリミティブで前近代的な教育施設である寺子屋や藩校は誉めるのだからわけが分からない。

徴兵制の導入に触れていないのも意外だ。明治前半は士族中心の世の中であった。それが近代教育や四民平等と徴兵制の結果として明治が終わる頃には、庶民から政治家でもインテリでも出てくるようになった大きな変化があったのであって、そのあたりの意義を語るべきだ。

また、条約改正のための鹿鳴館外交は嘲笑しているが、私は意識改革としては大いに意義があったと思う。一方、明治二十年頃になると、文明開化が一段落して、伝統文化を見直す余裕ができて、そのなかで「教育勅語」が出されたりするのだが、不思議に記述はない。

ちなみに、教育勅語については、制定時点では妥当な西洋的な価値観と伝統的な倫理観の間でバランス感覚の良いものだったが、明治末年には時代遅れだとして見直しがいったん決まっていたという事実がある。

明治天皇の崩御で機を失って、金科玉条のような扱いを受けて多くの弊害を生んだ。だから、私は、現代において復活させてバイブルのように扱うといった議論はナンセンスだ。ただ、古典として教えたりするのを否定するつもりはない。

日清・日朝の近代的外交事始めが稀薄

明治期のアジア外交については、戦後史観によるのと比べて、日本の行動を擁護するトーンになっているのは当然だ。

日本が近代的な外交関係を結ぼうと提案したのに朝鮮側が無礼な対応をし、その後も、日本公使館を襲った壬午《じんご》事変などの経緯があって、日清戦争に至ったことが書かれている（P306）。ただ、日清戦争に至るまでの経緯はたいへん大事なのに、少し簡略に過ぎる。

そもそも『**日本国紀**』は、清国との国交樹立にまったく触れていない。中国の歴代王朝は、外国との国交や貿易は朝貢を受けるという形でしか持たないという立場をとってきた。

しかし、十九世紀になると、西洋諸国が近代的な国交を清国に要求し、アヘン戦争などの結果、だいたい、それを呑ますことに成功した。明治維新後に日本が要求したのは、その西洋諸国と同じ待遇を与えることだった。

明治四（一八七一）年に伊達宗城大蔵卿が天津で交渉に臨み、清は、治外法権は互いに認め合うことで妥協が成立して日清修好条規が結ばれ、対等な国交が実現した。さらに、副島種臣が交渉して外交団が皇帝に三跪九叩頭《さんききゅうこうとう》なしに拝謁することを認めさせて、それまで皇帝に会えなかった西洋諸国の外交団から大歓迎された。

そして日清戦争などを経て、清と朝鮮、琉球、ベトナム三か国との冊封関係も近代国際法において特別の意味を持たず、近代的国際法がアジアでも完全な形で適用されるように努力した。それに対して、清は、宗主権を近代国際法のうえで何らかの意味を認めさせようとし、併合や保護国化なども模索したが、最終的には日清戦争の敗北であきらめたというのが、明治前半における大きな流れだ。

朝鮮については、元々、徳川幕府と朝鮮王国が対馬藩を仲介として変則的ながら国交を持っていたが、朝鮮通信使は基本的には朝貢使節で対等の関係でなかったということが非常に大事である。

というのは、明治維新になって新政府が、その不均衡な関係を近代的な対等の外交関係にしようとわざわざ申し入れたのに、日本の西洋化を非難し、中国の皇帝のみが使える「皇」とか「勅」の文字が国書に使われているのが気にくわないと、国書の受け取りを拒否し、その後もいろいろ外交儀礼に反する嫌がらせがあったので征韓論が生じたりしたというのである。

つまり、日本側の従来の上下関係を含む関係を対等にしようという友好的な提案を朝鮮側が国際常識に反する形で退けたことが、近代日朝関係のスタートであるか、その紛争のなかで起きた、江華島事件とその処理としての不平等条約ともいえる江華島条約が始まりかでは世界への印象もだいぶ違うからだ。

また、このの ち、日清戦争に至るまでの経緯で、大院君と閔妃の嫁舅対立があり、それぞれが日清、さらにロシアまで気ままに利用したことで、日本も国益を守るために、やむをえず、内政にも介入せざるを得なくなったことを説明して欲しかった。

沖縄には少し冷淡な『日本国紀』

沖縄についての『日本国紀』の扱いは、やや冷淡である。沖縄戦については、「『日本は沖縄を捨て石にした』と言う人がいるが、これは誤りだ。日本は、沖縄を守るために最後の力を振り絞って戦ったのだ。もし、捨て石にするつもりだったなら、飛行機も大和もガソリンも本土防空および本土決戦のために温存したであろう」（P401〜）

というが、そんな無茶な弁解を沖縄の人に聞かせたくない。

もちろん、沖縄への上陸作戦を予想できず住民疎開のタイミングを失したのは悪気があったわけでないし、兵力を十分に置いておかなかったことが原因で、基地があったから攻められたのでない。また、集団自決などが日本兵主導で半強制されたことがあったとしても組織的な命令でなかったという弁解は可能だ。

ただ『日本国紀』にはそうした弁解が書いてあるのではなく、唐突に、日本軍は沖縄を守ったのであって道連れにしたのではないと言うのみで現実を反映していない。

沖縄戦での抵抗が終戦ないし本土決戦までの時間稼ぎだったことは明らかだし、作戦的にも、中部から上陸したアメリカ軍を水際でなく上陸させてから戦ったり、内務省から派遣された当時の沖縄県知事が抵抗するなら首里に籠城すべきだというのを振り切って、住民が逃げ込んだ先の南部の洞窟などに移って抵抗を続けたなど、住民の犠牲を少なくしようという配慮にも著しく欠けていたのである。

沖縄についての記述は四か所にある。まず、古代から中世については、沖縄の人々の先祖が十世紀以降に南九州から移住してきたらしいこと、正史における建国伝説によれば「源為朝の子が初代の王である」こと、「中国の領土であったことはない」などが適切に紹介されている。ただ、明に朝貢するに至った経緯などは書いていない。

次に、江戸時代に島津氏に服属するようになったが、明・清への朝貢は続け「二重外交」だったということが書かれているが、そのあたりも含めて日本との一体性をどう捉えるか、外国人に説明できるような材料にはなっていない。そして、明治になって併合したことについては記述がない。

ちなみに私が『日本と世界がわかる　最強の日本史』で、中国が自国領だったと言い出す可能性を封じることを意識して書いているのは、概略次のような内容だ。

①　日本との関係は組織だっていなかったが、室町幕府は仮名書きの文書で内国扱いとして交流し、島津氏は交易を独占しようとしていた。

②　豊臣秀吉は征明にあたり、軍役を課そうとしたが、琉球王国はこれを島津氏に肩代わりさせてしのぎ、それを踏み倒した。そこで、怒った島津氏は、琉球征伐を提案して、幕府が許可した。

③　国王尚寧は江戸に連れ去られ、島津氏は奄美群島などを領国に編入し、役人を那覇に常駐させて琉球全体を七十三万石という石高の内数にもしたが、国家として形の上で維持し、明との朝貢貿易は続いた。日本との関係の実態を中国も知っていたが、黙認していた。

④　もし、沖縄がかつて中国の領土だったというなら、それよりは、はるかに強い程度において朝鮮もベトナムも同じ時期にそうだったことになる。

⑤　浦賀に来る前に琉球に上陸したペリー提督も、

「琉球の言語、衣装、習慣、美徳、悪徳いずれも日本と同じ」

「日本人の多くが居住し雑婚し普通に生活をしているのに対して中国人は外国人とし

て扱われておりここは日本の領土だ」

「清とは年一隻の船しか行き来しないが、日本とは年数百隻の船だ」

と記しており、朝貢関係があるというのが、近代的な意味での領土というのとはほど遠い概念だと欧米は見ていた。

⑥ さらに、「明治になって、欧米諸国が沖縄の地位の不明確さに乗じて植民地化するとかおそれがあり、清も支配力を行使しようとする危険もあり、明治新政府は内国化することにした」（『日本国紀』では沖縄が名実ともに日本に帰属することになった経緯にまったく触れていない）。

戦後については、サンフランシスコ講和条約で米軍の施政権下に置かれたことを、『日本国紀』は書かず、そのまま沖縄返還問題の経緯まで飛んでいる。ここは、

「沖縄を米軍施政下においたままにしたのは、申し訳ないことでしたが、あの段階で決着をつけようとすれば（日本返還を嫌がる）国民政府の反対が予想され、日本の領土とできなかっただろう。とりあえず、アメリカだけを当事者にしてたことで交渉相手を絞れたのは最善の判断だった」

といった説明をすべきなのだ。

こうしたことは、とても大事なことだと思うので、疎かにしてはいけない。

第七章

戦後日本は誇れる国でないらしい

～戦争で日本はまったく悪くなかった？

太平洋戦争でアメリカや中国の責任を強調するが

太平洋戦争とそこに至る道は、『**日本国紀**』のもっとも思い入れのあるところなので、さすがに充実している。戦争の原因は、日本に責められるべきところは少なく、欧米の身勝手と中国のずるさが主だが、日本の外交力とか作戦遂行能力が低く、軍部、官僚、政治家、マスコミの責任は大きいという考えのようだが、私の疑問点は以下のようなところだ。

日韓併合について『**日本国紀**』は、高宗がロシアに接近したのは強大と思ったからとしているが、私は明治天皇のような近代的な立憲国家の君主となるより、ロシアのツァーと同じ絶対的な権力と贅沢な生活に惹かれたからだと思う。併合に反対だった伊藤博文が暗殺されたので、併合したというが、暗殺の半年前に併合に同意している。

朝鮮統治の成果を評価するのは賛成だ。ただ、創氏改名は朝鮮人からの要望によるが、高い比率は、強い誘導があったことを窺わせるし、慰安婦の「強制連行」はなかったというものの、適切な募集が行われ、なんの問題もないといえないから、少し強気過ぎると思う。

『**日本国紀**』は満洲などは「孫文の一方的な宣言」だけで中国の領土になったとしている。孫文は満州人の支配から脱したいと日本人から援助を受けていたが、清国の総理大臣となった袁世凱が裏取引で、清の領土をそのまま中華民国に移管したので、フェアではないが、清から中華民国への政権と領土の継承が合法なことは国際的に承認されている。

第一次世界大戦中の対華二十一ヶ条について、袁世凱が老獪に日本を悪く見せようとしたのはたしかだが、日本側の要求を踏まえてのものであり、中国が言い出したと割り切るのはいかがなものか。

戦後のワシントン会議では、アメリカの要求で日英同盟は破棄され、かわりに四カ国条約が結ばれたが、役に立たなかった。幣原外相の責任は大きいと『**日本国紀**』はするが、英連邦で日米戦争に巻き込まれるのが嫌なカナダが強く要求していたので、同盟を維持するのが難しかったのは、アメリカの意向ばかりではない。

『**日本国紀**』は満州事変からは後戻りができなかったとする。しかし、日華事変までは可能だった。国際連盟脱退で日本が孤立したかといえば、一九三六（昭和十一）年に一九四〇年の東京五輪の誘致に成功したのだから深刻ではなかった。満州事変の最大の負の遺産は、現場の独断で命令違反の行動をしても、結果が良ければ誉められるという相場をつくって、軍の統制がとれなくなったことだ。

山県有朋らがいなくなって、明治の近代的な意識を持った軍隊から、功名を争い精神主義に傾く古い武士たちの軍隊になってしまったが、そのあたりの意識はないようだ。岸信介がシナリオを書いて大成功した満州国の国づくりのめざましい成功について記述がないのも不思議だ。どうも『**日本国紀**』と長州人の相性は悪い。

南京事件につき、「個々の犯罪例が百例、二百例あろうが」「日本軍は列強の軍隊の中でもきわめて規律正しい軍隊で、それは世界も認めていた」としているが、欲張りすぎだ。日露戦争や北清事変と比べて、昭和の軍隊はだいぶ行儀が悪くなっていたことは、戦争から帰ってきた大人たちから我々の世代でもよく聞かされていたので、行儀の良さを世界に誉められていた日本軍と言われても信じられない。

ルーズベルト大統領は、参戦しないことを公約して三選されていた。しかし、ヨーロッパ戦線へのアメリカ参戦は一刻の遅れも許されなかったので、日本が連合軍につくとか、中立を守るのでなく、三国同盟を結んで枢軸側につくことが予想される中では、日本を挑発して独伊とも開戦することは誰でも考えるし、先に手を出せば、挑発されたと弁解しても情状酌量の理由にしかならない。ただ『**日本国紀**』は「ルーズベルト政権は日本を戦争に引きずり込みたいと指摘する歴史家もいる」と、意外におとなしい。

さらにハル・ノートで、日本軍の撤退の対象に満洲を含めるか誤解があったかもしれないと言いつつ、それをのんでいても、別の口実で開戦に追い込まれていただろうとする。そして、真珠湾攻撃を通告なしでしたのは失敗だが、古今東西の例からしてもそんなに論外と言うほどのことではないとする。

不思議なのは、日本がまったく成算なしに戦争を始めたような書き方になっていることだ。独ソが開戦しており、世界的にはドイツが勝利すると見ていたのだから、緒戦の勝利を背景に、アメリカと手打ちできる可能性はあった。だが、ソ連とイギリスが持ちこたえて反攻に転じ、シナリオとして成立しなくなった。そして、ミッドウェー海戦で敗れて日本自身も見通しがつかなくなった。つまり、どうしようもないので、とりあえず開戦してみるのは、結果論から見るよりは理由があったのだが、そういう主張を『**日本国紀**』が主張していないのは意外だ。

アジアの独立のために日本は戦ったのだと『**日本国紀**』は主張するが、最初からそれにふさわしい立場をとったのかといえば、そういうわけでもない。久野・呉屋論争でも話題になったが、仏印（ベトナム、カンボジア、ラオス）でも当初はフランスと協調していた。それに、東南アジア諸国の教科書でも、日本が旧宗主国を追っ払ってくれたが、日本が彼らに取って代わっただけだったというようなトーンが普通である。

東南アジア諸国では、韓国などと違って日本の功績は功績として認めようという姿勢はあるし、要人なども日本に対して感謝を語ってくれることもある。しかし、だからといって、トータルに感謝してくれているとか誤解しない方が良いと思う。

憲法改正は押しつけだが日本が受け入れたのも事実

『日本国紀』は、

「無条件降伏したのは日本軍であって、日本政府でない」(P409)

としているが、日本政府はおそらく国体は守られるのでないか、つまり皇室を残すことだけは認めてくれるのでないかという感触があったので、それだけ守られたら十分という気持ちで降伏したのであって、日本軍か日本政府かとかいう形式論を議論してもあまり意味がない。

憲法についてもハーグ陸戦条約には、

「戦勝国が敗戦国の法律を変えることは許されない」

と書かれているから、GHQが憲法草案をつくったことが条約違反だと『日本国紀』は言うし、人によっては、占領下の憲法改正はそもそも許されないという。

しかし、私は、それもナンセンスだと思っている。なぜなら、終戦直後に成立した東久邇宮内閣では、近衛文麿国務相が、マッカーサーの要請を受けて憲法改正案づくりを開始している。つまり。占領軍の意向に沿った憲法改正は不可避であると認識していたということだ。

私は憲法改正や東京裁判を含めて、占領下で起きたことは、占領軍などとの取引の産物だと思う。なんなら、日本政府は憲法改正をしないとか東京裁判に協力しないと頑張ることもできただろう。

ただし、その場合には、天皇制の存続が許されないとか、昭和天皇が裁かれるとか、統一を維持できないとか、独立の回復が遅れるとかいう覚悟が必要だった。

そこで、当時の指導者たちは必死の思いで交渉をし、アメリカの要求を基本的には受け入れつつ、どうしても守りたいものは死守する現実的判断をしたのである。

それは、ある意味で日韓併合のときの韓国の立場と似たものだ。日本は強い圧力のもとで韓国政府と交渉し、韓国側の同意を得て併合を実現したのであって、それが無効でないというなら、占領軍と日本政府の交渉も同じ性格のものだ。

それに、マッカーサーについて言えば、天皇制や昭和天皇の処断についてより強硬なイギリス、オーストラリア、ソ連などを抑えねばならない立場だったというのもひとつの側面だ。

ただ、憲法改正、東京裁判、戦後改革などについて、たとえそれが合法的なものだったとしても、その押しつけを日本人が批判することはなんら差し支えないのは、日韓併合が合法的だったとしても現代の韓国人がそれを批判することが許されないわけであるのと同様だ。

憲法草案は、日本側のものでは連合国全体の納得を得られないと見たマッカーサーが、GHQ内のスタッフに慌ただしく草案をつくらせた。しかし、それを見た政府も、そして、昭和天皇も大筋においてそれに納得し同意し、国会でも議論して承諾したのである。

占領軍が草案を書いたということを隠していたという瑕疵はあるが、新憲法案は国民からも広く支持された。

東京裁判が合法かどうかは微妙である。パール判事が主張し、『**日本国紀**』もそれを当然として支持する「違法」だという意見も法律論としてはありうる。しかし、日本側も昭和天皇さえ守られればということで受け入れたし、サンフランシスコ講和条約でもそれを追認している。

憲法改正や東京裁判には、当時の指導者、それぞれの思いがあったと思う。たとえば、昭和天皇自身は、明治憲法からの連続性にこだわられた。昭和二十一（一九四六）年の年頭詔書で、五箇条の御誓文などを持ち出して、民主主義は日本の伝統維持と明治体制の発展として捉えられるべきものだとし、押しつけられただけではないと位置づけられた。

この年頭詔書は「人間宣言」と呼ばれ、天皇自身が自分は現人神でないとおっしゃったという都市伝説が広く信じられているが、昭和天皇には、そのようなつもりはなく、断絶より連続を意識したものであると、昭和六十（一九八五）年に、昭和天皇はわざわざ記者会見で発言を求めて念を押されている。しかし『**日本国紀**』には、この重要な詔書についての記述はない。

憲法の改正は大日本国憲法の正規の改正としての手続きを踏んで行われ、その祝賀行事などにも昭和天皇は積極的に出席している。『**日本国紀**』では、新憲法制定への昭和天皇の積極的な関与は、改正論にとって不都合と判断したせいか、書かれていない。

宮澤俊義という東京大学の憲法学者が、これは大日本帝国憲法で改正できる範囲を超えているから，八月革命が起きて旧憲法を廃止して、国民が自ら制定した憲法だとか、制定経緯とかけ離れた学説を唱えて、いまも信奉者がいるが、そんなものは、自分の学説で明治憲法から新憲法への改正について説明できないので苦し紛れに唱えた説だ。そして、実務上もそんな学説のとおりに改正手続きが進められたわけでない。

『**日本国紀**』では、宮澤氏が公職追放を免れるために「八月革命説」を考え出したとしているが（P426）、この八月革命説が出て、新憲法が昭和天皇の思いとは離れて明治憲法と断絶したものというイメージを与えられたことは、保守サイドの新憲法に対するネガティブな反応を引き出し、押しつけ憲法論に道を開いて新憲法の権威を貶めたと私は思う。

歴史上の人物としての昭和天皇

こうした過程で、マッカーサーとの信頼関係を昭和天皇は積極的に築くよう努力され、かなり実質的な交渉もされたようだ。『**日本国紀**』では、昭和天皇の私心のない気持ちにマッカーサーが「この勇気に満ちた態度は、私の骨の髄までも揺り動かした」といったおなじみのストーリーが紹介されている（P420）。しかし、それは外向きの言葉で、マッカーサーが取引の相手として昭和天皇を信頼できる交渉相手と評価したというのが現実であろう。

昭和天皇の決断としては、退位するというものもあった。周囲にも退位が好ましいと思う人も多かったが、昭和天皇は皇太子が即位すれば、高松宮殿下とか近衛文麿などの摂政的な役割が大きくなることに不安を持たれたのではないか。

『日本国紀』では、戦争について昭和天皇に責任はなかった、ほかにどうしようもなかったという無条件の弁護がされているが、戦後、七十年以上が経った今となっては、もう少し客観的な評価をしようという姿勢がないと、海外から提起される昭和天皇にも責任があったのではないかという議論に説得力ある反論ができないと思う。

張作霖《ちょうさくりん》暗殺事件の処理をめぐって田中義一首相を罵倒した結果、首相が辞任し、すぐ死んだことで、前に出すぎたことを反省されて、そのあと極度に慎重に行動され鈴木貫太郎首相など側近もそれを支持したわけだが、それが最善だったかは、検証されるべき課題だ。戦争を終わらせるために動かれたのは、ここで自分が決断すれば誰も反対しないというお膳立てができてからであった。

それ以前に動けば、クーデターもあるかもしれないと考えられたのだが、だからそれで良かったのか、もう少し前向きに動かれても良かったのではないかという議論にはどちらにも一理あるだろうし私自身も明快な結論は出せないと思っている。

太平洋戦争の戦死者は二百三十万人、民間人死者は八十万人だが、戦死者の半分以上、民間人者のほとんどは最後の一年のものだ。『日本国紀』が、寛容な講和条件をアメリカは受けるわけなく、国内もまとまらなかっただろうから、「行き着くところまで行く運命にあったといえる」（p400）とするのは割り切りすぎだ。

ただし『**日本国紀**』が「国体を守ったのは、戦争が終結してもなお『敵』を震え上がらすほど勇敢に戦った日本兵である」という意味では無駄だったわけではないとしていることには異議はない。ちなみにここでいう「日本の国体である皇室」は、日本の独立と統一の象徴であるからこそ大事なのであることを確認しておくべきだと思う（P441）。

吉田茂元首相はそのあたりについて、戦前・戦中についてはやや微妙な評価をしつつ、戦後はその慎重な性格が非常によい方向に働いたとしている。

そして、昭和天皇以外の要人たちもそれぞれ自分の立場で動いた。たとえば、近衛文麿は、昭和天皇を京都の仁和寺に押し込めて自分が摂政的な立場につこうとしたように見えるが、昭和天皇とマッカーサーとの信頼関係が構築されたときにその居場所はなかった。

朝日新聞出身の緒方竹虎は、リベラルな思想をもちながら福岡出身であることを活かし頭山満ら右翼とのつながりも深かった人物だが、近衛の側近として活躍していた。彼自身は関わっていないのかもしれないが、彼の側近だった尾崎秀実はゾルゲ事件の共犯として処刑された。

そして彼は、東条内閣打倒計画において中心的な役割を果たして小磯内閣の情報相となり、終戦工作に功績をあげ、東久邇宮内閣では内閣書記官長（官房長官）となった。私の見たところでは、彼のとった作戦は、昭和天皇と海軍と朝日新聞が責任を問われることを回避するためのもので、それに成功したが、逆に、それ以外に全責任を押しつけられることになった。

東京裁判での海軍関係者への甘さは陸軍と不均衡だし、緒方には逮捕状は出たが病気を理由に収監を免れ、これに対して、東条内閣打倒の最大功労者だった岸信介元首相は、結局は最終的には起訴はされなかったが、いったんは巣鴨プリズンに収監された。

しばしば、岸信介がアメリカと取引して東京裁判にかけられなかったのではないかという左派・リベラル系の人がいるが、経緯からすれば、同じように逮捕状が出たのち、緒方は収監されず、岸は収監されたが起訴されなかったのだから、そういう疑いがより濃くあるとすれば朝日新聞の緒方なのだと思う。

そして、緒方はアメリカが吉田の後継者としてもっとも好ましい政治家として復権するが、首相になる直前に病死した。それに変わる人物がおらず、困ったアメリカに売り込んで親米派の政治家として首相にのしあがったのが「岸信介」である。

逆に、それ以降、朝日新聞は反米の側に立つことになる（拙著『「立憲民主党」「朝日新聞」という偽リベラル』ワニ書房）。

占領政策の無責任が領土問題の原因と指摘

『日本国紀』は、当時、首相だった幣原喜重郎がのちに「憲法第九条は私がマッカーサーに進言した」と語ったことを、「それはあり得ない」と批判する（P412）。

しかし、第九条は誰が言い出したかは重要ではないのである。どっちにしても、形のうえでは、GHQ案として幣原首相を首班とする日本政府に受諾を迫った案文のなかにあったのだから、たとえ、裏で幣原がアメリカに個人的意見として提案していたとしても、関係ない。『**日本国紀**』がGHQの提案が日本を弱体化させることが目的だったとするのは、それは違うだろうと思う。

マッカーサーは、アメリカがずっと唯一の核保有国であり続けると思い、沖縄を日本に返還する気などなく、ずっとアメリカ軍が使い続けられると考えていた。そして、アメリカに刃向かって日本を攻撃する国はないだろうと考え、日本は東洋のスイス（スイスはハリネズミのように武装した国だから不正確だが）になればよいという発想だった。

それは、戦前のパリ不戦条約（一九二八年）の立役者の一人だった幣原の考え方に合っていたし、吉田茂などは軍部の復活を恐れていたので、当面はそれで良いと思ったのである。

しかし、結果的には、このマッカーサーが第九条の前提とした世界情勢が崩れてしまった。ソ連はコミンテルンのスパイ網を使って技術を盗み出し、一九四九（昭和二十四）年には核実験に成功し、中国では共産党政権が成立し、朝鮮戦争（一九五〇〜五三）が勃発した。

マッカーサーはGHQ左派のケーディスらの意見を容れて警察力も極端な地方分権で弱体化させ、戦争の危険についても国務省の警告を聞き入れず無警戒だった。戦争勃発にあわてて、警察への国の関与の増大を実現し、再軍備も要求したが、押しつけた憲法が障害になった。

サンフランシスコ講和条約では、アメリカ議会は国民政府を中国政府として認めて国交をもつことや、日米安保条約を結んでアメリカ軍の基地を置くことを条約批准の条件として持ち出した。

ソ連はサンフランシスコ講和条約に参加せず、中国もイギリスが北京、アメリカが台北の政府を承認していたので呼ばれていなかった。マスコミはソ連や北京政府を排除した単独講和に批判的だったが、全面講和など目指していたら、独立の回復は遅れただろうから、賢明な判断だった。こうして講和条約は一九五一（昭和二十六）年に調印され、翌年に発効した。

沖縄を米軍施政下においたままにしたのは、申し訳ないことだったが、あの段階で決着をつけようとすれば台北の国民政府の反対が予想され、日本の領土とできなかっただろうから、とりあえず、アメリカだけを当事者にしていたことで交渉相手を一国に絞れたのは最善の判断だったと思う（このときの沖縄の扱いについては『**日本国紀**』は解れていない）。

そして、当初の安保条約で「アメリカ軍が駐留を継続でき」「基地を自由につくれ」「日本の内乱に出動でき」「日本を防衛する義務はない」という不平等条約だったこともそれが嫌だから独立を遅らせるべきでなかったのも当然である。

それを岸信介首相が正常なかたちに改定させたこと、それに、野党などが反対したことが見当外れだったことは『**日本国紀**』が論難している通りである（P452～457）。

ただ、その岸氏の功績を半世紀経ってもマスコミは評価していないと『**日本国紀**』が言うのは（P457）、少し違うと思う。私は、日本国民はおおむね、肯定的になっていると思う。ただ、しぶしぶ否定的に言わなくなっているだけで、その間違いの反省を真摯にして、安保法制などその後の新しい事態を論じるのに活かしているかといえば、疑問ではある。

『**日本国紀**』で、サンフランシスコ講和条約の締結ののち発効するまでの間に、韓国が李承晩ラインを引いて竹島を占拠したのに、アメリカが言葉だけで放置したことの責任を問うているのはいい着眼だ（P453〜454）。これはアメリカに抗議してよい。

同じく尖閣諸島についても、返還時のどさくさの時に台湾が領有主張をしてややこしくなった。いずれも、アメリカとしても日本政府としても、そのときはそれほど気にしてなかったのだが、領土問題はいちどこじれると尾を引くわけで、それぞれ、アメリカが影響力を行使できる間に収めてくれなかったことが、その後の、日韓・日中関係に棘を残した。

原爆・占領軍犯罪・シベリア抑留・不逞朝鮮人などに脚光

『**日本国紀**』は戦争中のアメリカ軍による本土空襲や原爆投下を激しく批判している。「明白な戦争犯罪」としているだけでなく、戦争を早く終わらせるためでなく、「効果を知るための実験」「有色人種に対する差別が根底にある」「ソ連への威圧」と断定している。しかし、前二者は、全面的に否定はできないが、そう決めつけることは国際的な支持を得られない。また、三つ目については、すでに述べたように、アメリカはこの時点ではソ連の脅威を過小評価していたので考えにくい。また、終戦の決断の理由として原爆よりソ連参戦を重視しているのは、左派的な映画監督マイケル・ムーアと同意見だが、当時の中枢にいた人々の証言は原爆の方を重視していたことを示すものが多い。

占領下の日本では、戦前に戦争に協力したとして、幅広い層の人々が公職や教職、マスコミなどから追放された。そして、のちになってレッドパージが行われて、共産主義者が追放された。しかし、『**日本国紀**』が正しく論じているように、アカデミズムやジャーナリズムの世界では、戦前の支配層を必ずしも軍国主義的でもなかった健全な保守勢力まで根こそぎに追放したのに比べ、そのあとのレッドパージでの追放は、ごく小規模に留まったので、そこにアンバランスが生じ、その後遺症がいまも続いているという見立ては正しいと思う（P435〜436）。

ドイツではナチス色の払拭は徹底したが、ワイマール時代やその前の帝国時代の残滓《ざんし》はむしろ復権した。しかも、ナチスと共産党はいまだもって非合法である。左派・リベラル系の人がしばしば言うようにドイツを見習うなら共産党を非合法化しなくてはなるまい。

「公職追放」「教職追放」「占領軍の暴虐」についての詳細な記述は、教科書でも扱われていないので、取り上げた意義がある。ただ、「アメリカ兵に殺された日本人は四千人、強姦された婦女子は記録されたものだけでも二万人」（P433）といった数字が検証されたものかは判断がつきかねるので、出所を出しておいて欲しかった。

在日朝鮮人に対する「差別」の原因にも、戦後における日本人への暴虐があり、また、土地不法占拠など一部の問題は現在なお継続していることも、目を背けてはいけない。

シベリア抑留や引き揚げに当たって、日本人が朝鮮半島などで受けた暴虐も同様で、それについて語ることは、日本とロシア、韓国・北朝鮮との友好を妨げるものでもなんでもない。

さらに「華族制度の廃止」「財閥解体」「農地改革」などに対しても舌鋒鋭く切り込んでいる。「農地改革では、もう一つ見逃せない弊害がある。それは全国の津々浦々にあった神社がさびれたことである」（P438）

と地主がいなくなった弊害としているのはユニークな視点だ。ただ、廃仏毀釈より前には神社は現在のようなものでなかったし、昭和になってからの地主と同じような富農層が古くから広く存在したとも言えない。少なくとも、農地改革の「弊害」というのには違和感がある。

農地改革で土地を得た農家が農地を売ることに制限を加えなかったので、地価が高騰して住宅難になったというのは（P438）、何かの間違いか。農地の転用に制限を加えたから土地が上がったというなら分かるが。

そして、「財閥解体」などは、日本を弱めるためにしたという意識で書かれているが、「弊害もあったが、この大胆な改革があったために、戦後の日本は戦前と比較してきわめて平等性と自由競争に富む社会となったといえなくもない」と結んでいる（P439）。

そう言うなら、逆に肯定的な評価を先にして、しかし、いいことばかりでもなかったという留保をつけるかたちにするとか、中立的なかたちで是非を語ったほうが説得力があったようにも見える。前記のような改革で日本が悪くなったと考える人は少ない。

高度経済成長は政策は無関係で勤勉さだけで実現？

高度経済成長については、それをなしとげたのは、「政府の政策でなく」「ひとえに国民の勤勉さである」「『所得倍増計画』を打ち出し、号令をかけるだけで復興ができるものなら、世界の発展途上国はすべて豊かになっている」（P459）

としているが、それは情緒的すぎる。

私も通商産業省に勤務していたわけだが、海外からノートリアス・MITIと言われつつも、巧妙な官民連携と誘導が日本経済成功の秘訣だと言われ、また、そのノウハウを、中国を含め世界中に教えて世界経済の成長に貢献したことを誇りに思っている。

ひとことで言えば、市場機構の適切な利用だ。自動車の場合、貿易自由化・資本自由化のころ、近代経済学のエコノミストたちは比較優位の原則に従い、日本は繊維産業などに特化し、自動車はあきらめろと言った。それに対して、業界や左派系の人たちは保護を続けろと言った。

それに対して通商産業省は、自由化の期限を定め、それに間に合うように体質改善を迫り、政策金融やカルテルを駆使して目的を達成したのである。

また、もし、国民が勤勉だったからだけで説明できるのは、高度経済成長が終わったあとの停滞も、国民が怠惰になったことで説明しなければなるまいから、完結した説明にならない。

また、こうした産業政策の基本形は、安倍首相の祖父である岸信介が、商工官僚としてその確立に貢献し、さらに満州国でそれを実践して大成功したもので、それを戦後になって日本国内でも適用したものだ。

その後の経済政策について『**日本国紀**』がどう考えているかは、あまりよく分からないが、一九七〇年代以降の日本経済の流れについては、だいたいこんなように捉えているようだ。

○オイルショックで高度経済成長が終わったが、省エネなどに成功して安定成長に入った

←○バブルが起きて好景気に沸いたが、バブル崩壊で金融システムが崩壊し、失われた二十年に入った

←○少子高齢化が進み、社会保障制度が危機に陥り見直しが叫ばれながらほとんど手がつけられていない

←○政府は外国人労働力導入の新制度を発足させたが、「この決定は日本の大きな曲がり角に

なる要素を孕んでいる。いずれも日本の国柄が大きな変容を余儀なくされるかもしれない」（P498）。

事実関係の説明としては、その通りだが、ではどこが間違っていたのか、どうすればいいのかについて、あまりにもニュートラルなのは、他の場所での勇ましさと比べると奇妙だ。

日中国交回復はアメリカの意向とは初耳だが

日本外交についての『**日本国紀**』の認識でもっとも驚かされるのが、日中国交回復がアメリカの意向によるものだという見解だ（P477）。

冷戦の枠組みの再編成が必要だと考えたアメリカは中国に接近し､その意向を汲んだ日本は、電撃的に国交を回復させ、台湾と国交を断絶した。アメリカの意向を入れてのこの決断を、いつもは反米のメディアは反対しなかったというのである。

そもそも、日本と中国の接近を阻んできたのはアメリカである。サンフランシスコ講和条約のときも、国民政府を中国の正統政府として扱うことが議会での批准の条件だとされた。石橋湛山や池田勇人の対中接近にもいい顔をしなかった。

岸信介が蔣介石との関係を深めることが安保条約改定の前提条件だったし、佐藤栄作は沖縄返還に同意してもらうために蔣介石に沖縄の米軍基地の維持を約束した。北京は沖縄返還を支持していた。それに対して、台北は自国領とは言わないものの、最終的な所属の決定に当たっては、自分たちの同意を要求していたが、この会談で黙認することにした。しかし、この経緯があるので、佐藤は蔣介石への義理を感じて対中交渉に踏み切れなかった。

ニクソン政権はキッシンジャー補佐官を北京に派遣して対中改善を模索したが、国交回復には至らなかった。しかし、「頭越し外交」に激昂した世論を背景に政権を取った田中角栄は、就任後、すぐに北京に赴き台湾との断交も受け入れて国交に回復した。

それにアメリカは怒り、オイルショック時の中東への接近策なども嫌われて、日米関係は悪化して、それが田中退陣やロッキード事件にもつながったとさえ言われるほどだ。それをアメリカに促されて、日中国交回復をしたとか、台湾と断交したというのはいかがなものか。

また、尖閣問題で最初に問題を提起したのは台湾であって、中国はあとでそれに追随したという経緯が飛ばされている。台湾びいきなのだろうが、ここは正確に書かないと問題の本質が見えてこない。

平成二十二（二〇一〇）年の民主党政権下での尖閣問題も、政府がこれまでと違って、国外退去でなく逮捕するという強硬策に出て問題をこじらせ、そのあとあわてて退去させたという一連の流れのうち、後半だけを取り出すのはおかしい。それにこれにこの退去処分に異例さはあったが、超法規措置というほどのものでもない。

どちらにしても、その後の国有化問題も含めて、民主党政権がその能力の低さがゆえに尖閣問題を複雑化させたのは間違いないのだが、弱腰だったからいけなかったとだけ見るのは愚劣だ。むしろ、社交術の未熟さで中国を怒らしてしまったと言うべきだ。

新中国の歩みについても、**『日本国紀』**は、ひたすら否定的にしか論じないが（P492～493）、国の統一と秩序を確立し、一九七八年に改革開放が始まってからは、驚異的な経済発展に成功して、国民の生活も飛躍的に改善したことは無視している。このような記述を中国人に読ませたら、嫉妬としかとらないだろう。

天安門事件の犠牲者についても少なくとも一万人、場合によっては数万人と根拠のない数字が、あまり論理的でない根拠で書かれており、これでは、南京虐殺三十万人を誇張だと笑えない。イギリスの報告書に当時あった噂として書かれているだけのものを、公的な報告書の見解のようにすり替えている。「戦車でひき殺した」というのも何を根拠にしているのだろうか。有名な映像でも戦車は立ちはだかった若者を避けて進路変更している。

そもそも、改革開放以来の中国の発展は、一九七八年に来日した鄧小平に対して大平正芳首相がしたアドバイスが原点になっていることは中国側も認めていることだし、日本の経済援助への感謝を二〇一八年の安倍訪中時に認めたのであって、日本は中国経済発展への貢献を誇るべきなのである。

もっとも、日本の高度成長においても政府の政策の貢献はないと断言する**『日本国紀』**にとっては、認めがたいのかもしれない。新中国の歩みについては、光も影もあるのであって、どちらかに極度に偏った見方はいずれも建設的ではない。

私自身は、中国にけちをつけるより日本自身のだめさこそ責めたい。中国の経済発展も予想以上だが、それよりは、日本経済の停滞こそが予想外だった。実際には二〇一〇年にＧＤＰ世界第二位の地位を中国に奪われたのだが、その日はいずれ来るとは思っていたが、十年か二十年は予想より早かった。まさかゼロ成長を何十年も続けるとは予想できなかった。

平成という時代への正しい危機感には共鳴した

昭和四十年代あたりからの日本の状況について、『日本国紀』がとくに怒っているのは、「日の丸」「君が代」「天皇」「靖国神社」「戦犯」「愛国心」などが軍国主義につながるものとされるようになったことや、防衛力の強化につながる努力が十分にされていないことにあるようだ（Ｐ４６４〜４７２）。

その原因を同書は、六十年安保後の総選挙で自民党が圧勝したのは有権者が戦前世代だったから、自虐思想が十分には浸透しなかったのに対し、戦後教育を受けた世代が世に出るにつれて自虐思想が頭をもたげ、団塊世代が世に出始めた昭和四十年代からはとくにそれが顕著になったのだという（Ｐ４６４〜４６５）。

そして朝日新聞が主導して「南京大虐殺」「朝鮮人従軍慰安婦」「靖国参拝」への非難のキャンペーンが繰り広げられたとする。

それに中国や韓国の政府も乗るようになり、しかも、日本政府自身も慰安婦についての「河野談話」を出すなど不手際が目立ったというのは、大方の人が見ているのと同じだ。

靖国神社への参拝は、なにも問題なかったのに、いわゆるA級戦犯合祀を口実として、首相などの参拝ができなくなっているとか、教科書問題が起きて、日本の子供たちはますます問題がある教科書を使わせられているとする。

「七十年安保」期限切れを前にした学生運動は紅衛兵をまねたものであって、日本の反戦運動・反核運動・反アメリカ運動はソ連などの支援を受けたものだったという見解だ。

共産主義運動はことごとく失敗して、

「『共産主義は人を幸せにしない思想である』という結論がすでに出て」（P491）、冷戦は終わって、中国と北朝鮮だけが残った。中国の成功はまやかしだが、それをごまかすために対外膨張を策しているとしている。

しかし、この説明は世界的に共通の流れと日本の特殊事情をごちゃまぜにしている。たとえば、ベトナム反戦とか学生運動の高まりは世界的な動きだった。

戦後史を振り返れば、欧米先進国は、民主主義・市場経済・人権が価値観の中心だ。ところが、市場経済の維持は共通して主張したが、植民地支配は続け、発展途上国の独裁者を助け、多国籍企業の利益を図るために戦争までし、国内でも戦前からの古い秩序や価値観を保持した。

その矛盾が吹き出したのが、ベトナム反戦運動でありパリ五月革命に代表される学生運動の盛り上がりだったのではないか。

日本ではむしろ軽症で済んだともいえる。なんとなれば、『日本国紀』が嫌う戦後改革のお陰で、先手を打った形になったからだ。また、憲法第九条のお陰でベトナム派兵も免れた。

そのかわりに、日本は西側陣営に大きな貢献をしてきた。つまり、高度経済成長に成功し、そのことで、欧米企業に大きな市場を提供し、また、社会主義者が唯一の道と主張する「世界革命」でなく、市場経済のルールのなかでの経済成長で豊かになれることを実証するショーウィンドウになったからである。

その日本を真似て、韓国・台湾・香港・シンガポールの四龍がテイクオフし、次いで東南アジア諸国、そして中国が続いた。これが日本が世界になした最大の貢献なのである。そして、安全保障面では軍事面での直接の貢献はしなかったが、アメリカ軍に基地を提供し、経済的な負担をしてそれなりに評価された。

以上のような戦後日本の世界における積極的な貢献の位置づけを『日本国紀』はでき

ていない。日本が豊かになったことは結構というだけですませている。

一方、社会主義をそう簡単に全面否定できるのか。現実に一九七八年からの四十年間を総括すれば、「中国の特色ある社会主義」が経済においても政治的にも最大の勝利者であることは明らかで、日本は惨敗しているのである。

また、日本を含む西側諸国がソ連・東欧型の社会主義に勝てたのは、社会主義の主張を部分的に採り入れた社会福祉国家の建設などのお陰でもある。

私は安全保障面で現在の日本の状況が危機的であることは『日本国紀』の著者と認識はそんなに変わらない。何を言っても、中国や北朝鮮との軍事バランスにおいて、不利な方に大きくふれつつあるからである。

そして、日本の最大の危機の根本原因は、オイルショックのあと、日本人が経済成長の重要性を忘れてしまったことだ。世論調査をすると、「景気回復」がもっとも大きな要望としてあがるが、その一方、「経済成長」は重要でないという回答が半数を超えるということが矛盾していることすら分からないのだからどうしようもない。

少子高齢化が最大の問題と言いながら、子どもの出生数を上げるような政策には不熱心だし、それを国民に促そうとしたら、

「価値観を押しつけたらいけない」

「産めない人にかわいそう」

とか言ってだいたい袋叩きにされる。人口が減っている局面では、子どもを作るほど大きな国家への貢献はないということすら言えないのではどうしようもない。

将来のために国際化だ科学技術立国だというが、頭のいい子のきわめて大きな割合が医者になるような状態を解消するべきだ。大部分の医者の仕事は高い語学力も数学の力も不要の現場技術者に過ぎない。もちろん大事な仕事だが、最高の頭脳にふさわしい仕事ではない。

ＩＴ技術者の不足は世界主要国でもっとも深刻なのにこのありさまだ。医学部の偏差値の高さは教育制度が病んでいるバロメーターであって、これが解消したら日本は良くなる。

東京一極集中でも、それが解消しないのは、竹下登内閣の「ふるさと創生」以来、里山資本主義とかいう言葉に象徴される県会議員的発想で、ダイナミックな国土再編を避けてきたからだ。

二〇一八年の自民党総裁選挙を安倍晋三首相と争った石破茂元地方創生相はそうした古く失敗してきた地方振興論をなぞっていただけだが、それでもけっこう票をとったのは、安倍首相にも対案がなかったからだ。

いま大事なことは、防衛についても経済社会のあり方についても、国民にこれまでのやり方では限界に来ていることをきちんと説明し、価値観を変えることを促すことだが、

『日本国紀』はそれができないのは、占領軍の呪縛だと言いたいようだ、

「本当の意味で、日本人を打ちのめしたのは、敗戦でなく、その後に成された占領であった。日本を占領した連合軍の政策は苛烈そのものだった。占領軍は、かつて有色人種に対して行ったように、日本の伝統と国柄を破壊しようとした。幸いにしてそれらは不首尾に終わったが、日本人の精神を紛糾することには成功した」（P408）

とする。

そして、このような変化は、日本国民に「罪の意識を徹底的に植え付けるWGIP（War Guilt Information Program）というプログラムに沿ったもので、これが成功して日本人は騙されてしまったのだ」（P421）

というのである。

しかし、たとえ、いくら巧妙なプログラムが組まれたとしても、占領が終結し、それから七十年近くになるのに、その後遺症を引きずっているとかいうのはおかしい。

むしろ、論じるべきは外圧による日本人の変わり身の早さであり、いったん変化したのちは、そこに留まってしまう不思議な保守性であろう。

周恩来とキッシンジャーの会談論をみると、

「日本はわけがわからない。封建主義から天皇中心国家には数年、天皇中心から民主主義は数週間で変わってしまった」『周恩来・キッシンジャー機密会談録』（岩波書店）

と薄気味悪い会話をしている。

その意味で、アメリカが狡猾に日本を洗脳したというよりは、日本が独特の嗅覚で冷戦という時代にあって、基本路線としては、急速なアメリカ化を選びつつ、ソ連、中国、南北朝鮮に媚びを売って保険をかける選択をし、冷戦が終わってもその成功体験から抜け出せないということではないのか。

アメリカを呪ったところで解決法は見いだせないだろうと思う。もちろん、安倍政権のもとで日本は変わりつつる。中国も韓国も嫌いだと言って憚らない国民がほとんどになった。

そんななかで、「私たちは何者なのか」を問う『日本国紀』が出たのだが、それが戦後日本の正しい分析と今後の方向を正しく示しているかはおおいに議論すべきことだ。

主な項目：幕府狼狽／吹き荒れるテロの嵐／欧米列強との初めての戦闘／小栗忠順／第二次長州征伐／王政復古の大号令／江戸無血開城

第八章　明治の夜明け

明治の大変化は、江戸時代の反動で、260年かけて行われるはずだった改革と変化がわずか10年で起きた現象だ。

主な項目：戊辰戦争／五箇条の御誓文／日本大改造／驚異の近代化／明治六年の政変／台湾出兵／朝鮮に開国させる／西南戦争

第九章　世界に打って出る日本

富国強兵をしなければ西洋の列強に国が呑み込まれてしまう危険があった。しかし、日清戦争の勝利で戦争は金になるという意識が生まれてしまった。

主な項目：立憲政治へ／日清戦争／三国干渉／日露戦争／ポーツマス条約／怒り狂う民衆／韓国併合／明治を支えた学者たち

第十章　大正から昭和へ

日本は世界の列強と肩を並べたがブロック経済で打撃を受け満洲に活路を求めたが、中華民国との戦いに足を踏み入れ大きな悲劇につながった。

主な項目：清帝国の崩壊／アメリカの敵意／二十一ヵ条要求に見る日本外交の稚拙さ／ワシントン会議／統帥権干犯問題／満州は中華民国のものか／暗躍するコミンテルンと中国

第十一章　大東亜戦争

日本は日米戦争を回避しようと必死に努力したが外交は稚拙であり、アメリカはむしろ開戦を望んだ。

主な項目：全面戦争へ／真珠湾攻撃／戦争目的を失った日本／ミッドウェー海戦と言霊主義／無意味な戦い／神風特攻隊／悪魔の如きアメリカ軍

第十二章　敗戦と占領

戦争と敗戦以上に日本人を打ちのめしたのは、敗戦でなく、その後になされた占領であった。これほど書くのが辛い章はない。

主な項目：連合国軍による統治／日本国憲法／極東国際軍事裁判／生き残った靖國神社／華族制度の廃止

第十三章　日本の復興

奇跡的な復興を支えたのは、ひとえに国民の勤勉さだった。しかし、愛国心と誇りは取り戻せなかった。

主な項目：独立するアジア諸国／日本独立／日米安全保障条約／奇跡の経済復興／ゾンビのように蘇る自虐思想／朝日新聞が生み出した国際問題／平和ボケ

終　章　平成

世界が再び混乱と暗黒の時代に足を踏み入れつつあるとき、日本人は先人の遺業を思い出し、世界を平和へ導くために努力すべきだ。

主な項目：平成／バブル崩壊／ソ連崩壊／膨張する中華人民共和国／狂気の北朝鮮／内憂外患／憲法改正の動き／未来へ

❖巻末資料❖

『日本国紀』の要点と項目

第一章　古代～大和政権誕生

日本史にあっては、六世紀以前のことはよく分からない。神武東征のもとになった話はあっただろうが、統一国家や朝鮮半島への進出の過程は謎が多い。

主な項目：縄文時代、弥生時代、統一国家へ、倭とは何か、大和朝廷が生まれるまで・銅鐸の謎、広開土王碑、神功皇后の謎、倭の五王、継体天皇の登場

第二章　飛鳥時代～平城京

飛鳥時代は日本国家にとっての少年期で、日本という名もでき、記紀や万葉集が編まれた。仏教も取り入れられ、積極的な外交が行われた。

主な項目：聖徳太子、十七条憲法の凄さ、律令国家へ、遣唐使、『古事記』『日本書紀』『万葉集』の誕生、仁徳天皇に見る「大御心」と「大御宝」／日本の誕生

第三章　平安時代

平安時代は独自の文化を花開かれた時代だが、貴族達は平和ボケだった。そんななかで武士が生まれた。

主な項目：摂関政治の弊害／項目：成熟の時代へ（国風文化の開花）／武士の誕生「祟り」について／摂関政治の弊害／院政の時代／平氏の没落

第四章　鎌倉幕府～応仁の乱

鎌倉時代の始まりがいつであるかは諸説あるが、本当の意味で幕府の支配が確立したのは承久の変のあとである。

主な項目：鎌倉政権／承久の乱／「一所懸命」と「いざ鎌倉」／文永・弘安の役／鎌倉の仏教／後醍醐天皇の討幕運動／南北朝の統一／足利義満の野望と死／応仁の乱

第五章　戦国時代

戦国時代は身分制度が崩れた。南蛮文化が入ってきて、海外派兵もした。だが。鎖国によって独自の歩みをすることになる。

主な項目：戦国時代／室町幕府の滅亡／乱世の怪物、織田信長／天下統一／鉄砲とキリスト教の伝来／朝鮮出兵／関ヶ原の戦い

第六章　江戸時代

江戸時代は前近代の遅れた時代でなく、民度も知的レベルも高かったが、テクノロジーは遅れ、安定重視の弊害も生まれた。

主な項目：江戸幕府／鎖国／武断政治から文治政治へ／ケインズを二百年以上も先取りした荻原重秀／世界最高の教育水準／「五公五民」の嘘と「百姓一揆」の真実／傑物、田沼意次／寛政の改革／一国平和主義の日本／右往左往する幕府／黒船来航

第七章　幕末～明治維新

維新の動乱は天皇をめぐって動き、日本人は天皇の偉大さを知ることになる。倒幕派も佐幕派も日本を国難から救おうと真剣だった。

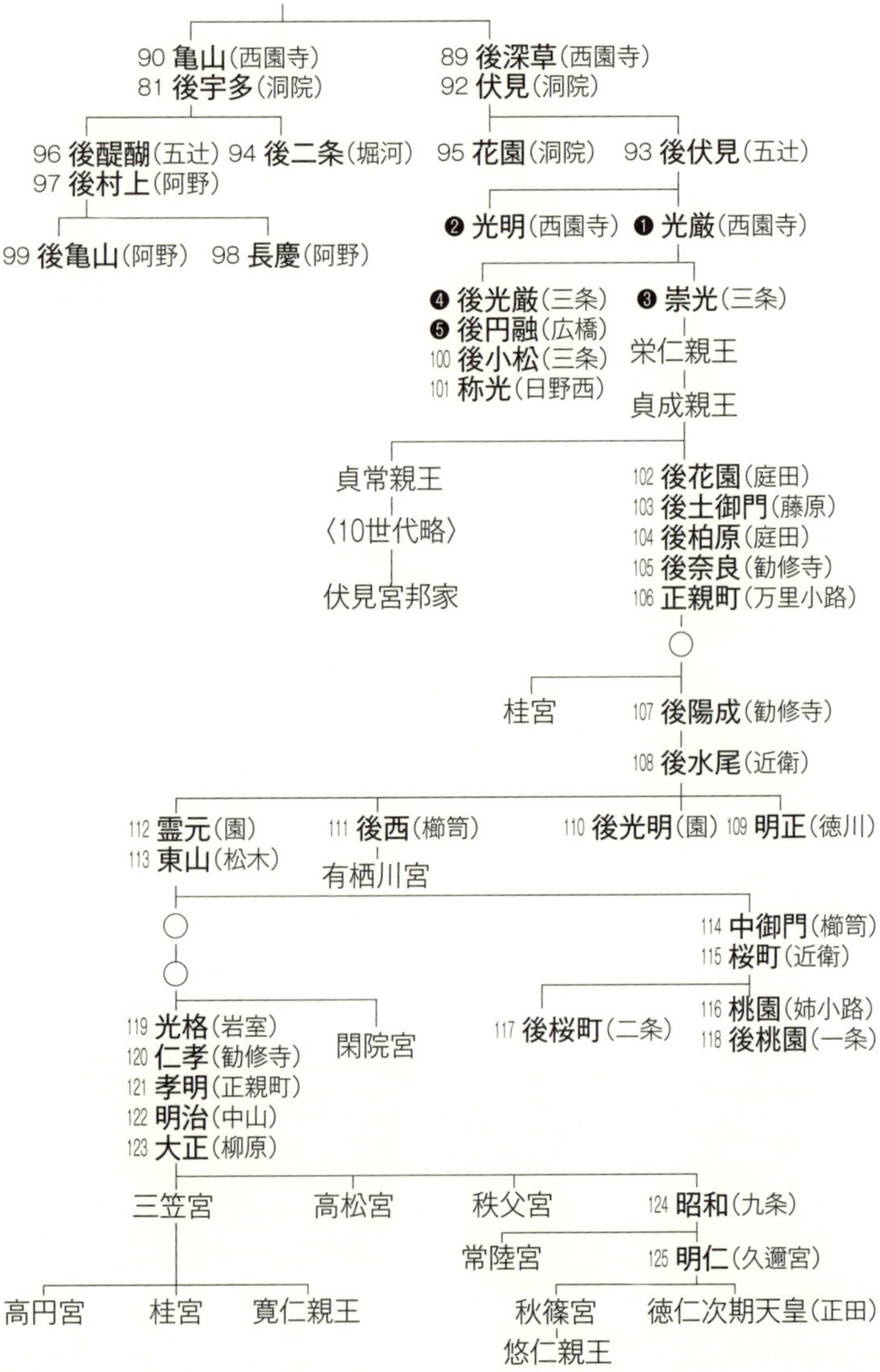
90 亀山(西園寺)
81 後宇多(洞院)
89 後深草(西園寺)
92 伏見(洞院)
96 後醍醐(五辻)
97 後村上(阿野)
94 後二条(堀河)
95 花園(洞院)
93 後伏見(五辻)
99 後亀山(阿野)
98 長慶(阿野)
❷ 光明(西園寺)
❶ 光厳(西園寺)
❹ 後光厳(三条)
❺ 後円融(広橋)
100 後小松(三条)
101 称光(日野西)
❸ 崇光(三条)
栄仁親王
貞成親王
貞常親王
〈10世代略〉
伏見宮邦家
102 後花園(庭田)
103 後土御門(藤原)
104 後柏原(庭田)
105 後奈良(勧修寺)
106 正親町(万里小路)
桂宮
107 後陽成(勧修寺)
108 後水尾(近衛)
112 霊元(園)
113 東山(松木)
111 後西(櫛笥)
有栖川宮
110 後光明(園)
109 明正(徳川)
114 中御門(櫛笥)
115 桜町(近衛)
117 後桜町(二条)
116 桃園(姉小路)
118 後桃園(一条)
119 光格(岩室)
120 仁孝(勧修寺)
121 孝明(正親町)
122 明治(中山)
123 大正(柳原)
閑院宮
三笠宮
高松宮
秩父宮
124 昭和(九条)
常陸宮
125 明仁(久邇宮)
高円宮
桂宮
寛仁親王
秋篠宮
悠仁親王
徳仁次期天皇(正田)

皇位継承図（桓武天皇以降）（その3）

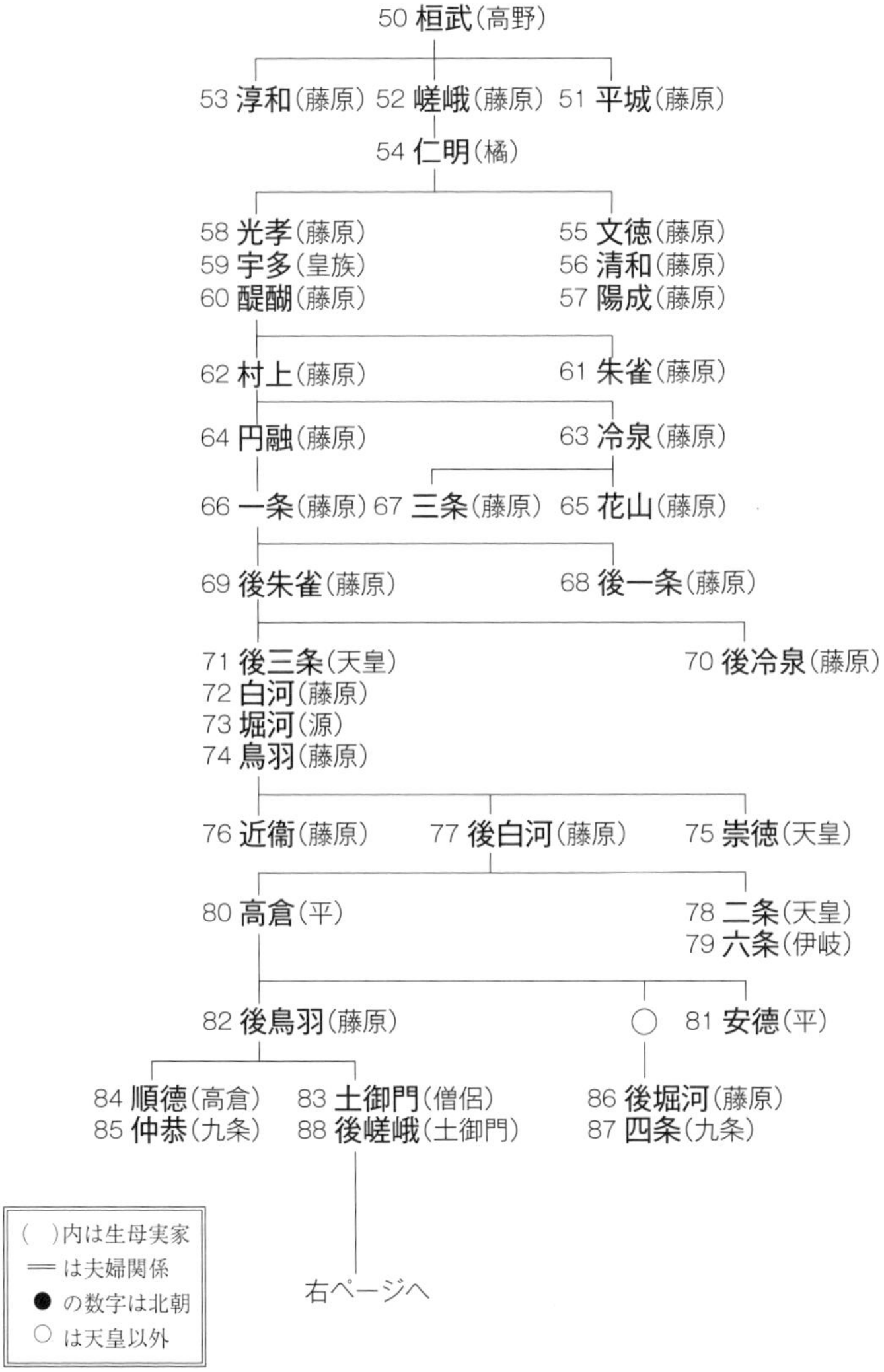
50 桓武（高野）
53 淳和（藤原）
52 嵯峨（藤原）
51 平城（藤原）
54 仁明（橘）
58 光孝（藤原）
59 宇多（皇族）
60 醍醐（藤原）
55 文徳（藤原）
56 清和（藤原）
57 陽成（藤原）
62 村上（藤原）
61 朱雀（藤原）
64 円融（藤原）
63 冷泉（藤原）
66 一条（藤原）
67 三条（藤原）
65 花山（藤原）
69 後朱雀（藤原）
68 後一条（藤原）
71 後三条（天皇）
72 白河（藤原）
73 堀河（源）
74 鳥羽（藤原）
70 後冷泉（藤原）
76 近衛（藤原）
77 後白河（藤原）
75 崇徳（天皇）
80 高倉（平）
78 二条（天皇）
79 六条（伊岐）
82 後鳥羽（藤原）
○
81 安徳（平）
84 順徳（高倉）
85 仲恭（九条）
83 土御門（僧侶）
88 後嵯峨（土御門）
86 後堀河（藤原）
87 四条（九条）
右ページへ
（　）内は生母実家
＝は夫婦関係
● の数字は北朝
○ は天皇以外

あとがきにかえて

『日本国紀』をめぐっては、小説家が挑んだ通史ということで、話題となり、また、論争も起きた。私も本職の歴史家ではないが、本書のなかでしばしば言及した『世界と日本がわかる　最強の世界史』『日本と世界がわかる　最強の日本史』（扶桑社新書、この二冊はセットなのでぜひ合わせ読んでいただきたい）など、歴史について多く書いているのだが、この機会に、自分が本を書くにあたって拠っている立ち位置を論じておきたい。

私は辞めてだいぶ長い年月が経っているが、もともとの職業は通産官僚である。現役時代から本を出したりすると「二足の草鞋《わらじ》」だと言われたこともあるが、そもそも、物書きの三大供給源は、古今東西で公務員と学校の先生とジャーナリストなのである。そのいずれも、仕事を通じて文書を作成することが多いのだからその延長だ。

ただ、戦後の日本では公務員で本を出す人が減っていたので、同じ役所の先輩である堺屋太一氏がベストセラーを出したときには驚いた人も多かったが、本来はごく普通のことだと思う。しかし、このごろは、また、霞ヶ関出身で本を書く仲間が増えてきて嬉しいことだ。

さきほど書いた三つの供給源の出身者には、それぞれ得意な手法がある。学校の先生は自分の研究成果を深く掘り下げる。ジャーナリストは世間の人の関心を引くことに長じている。そして、公務員は公平な視点で俯瞰《ふかん》するのが持ち味だ。

さらに、私の場合は、フランス国立行政学院（ＥＮＡ）で彼の国の公務員としての訓練を受け、また、その後、パリで勤務もした。そこで身につけたのは、フランスならではの百科全書派的な視点だ。フランスにはミシュランというレストランや観光名所のガイドがあるが、特色は全国津々浦々から漏れなく公平に良いものを選ぶことだ。

そんなわけで、私が得意なのは、「47都道府県」とか「世界２００か国」といった横に広がったものと「歴代天皇」といった縦の時間軸で俯瞰したもので、『江戸３００藩最後の藩主』（光文社知恵の森文庫）とか『歴代首相の通信簿』（ＰＨＰ文庫）といったものはそれなりの評価をいただいた。

通史も前記の歴代首相ものが出発点で、その後『歴代天皇列伝』（ＰＨＰ）とか『愛と欲望のフランス王列伝』（集英社新書）、『アメリカ大統領の通信簿』（祥伝社文庫）とかを書いていったが、これらは事実上の通史である。

そして、完全なかたちの最初の通史は日本史でなく『○×でわかる［完全解説］なるほど！中国史』（ＰＨＰ）が最初だ。その後、中国については、『本当は分裂は避けられない!?中国の歴史』（ＳＢ新書）と『中国と日本がわかる最強の中国史』（扶桑社ＢＯＯＫＳ新書）、韓国については、『誤解だらけの韓国史の真実』（イースト新書）、『韓国と日本がわかる最強の韓国史』（扶桑社ＢＯＯＫＳ新書）を書いているし、アメリカ史については『日本人の知らない日米関係の正体　本当は七勝三敗の日米交渉史』（ＳＢ新書）も変則的ながら通史だ。

日本史では、ＳＢ新書で七冊からなる通史を書いている。ただし、最初は『本当は恐ろしい江戸時代』から始めて『本当は謎がない「古代史」』『本当は面白い「日本中世史」愛と欲望で動いた平安・鎌倉・室町時代』『本当は間違いばかりの「戦国史の常識」』『本当は謎がない「幕末維新史」』『幕府再生はなぜ失敗したのか？』『本当は誤解だらけの「日本近現代史」世界から賞賛される栄光の時代』で結果的に日本通史になった。

同じくＰＨＰ文庫の『最終解答　日本古代史』『江戸時代の「不都合すぎる真実」日本を三流にした徳川の過ち』『最終解答　日本近現代史』は中世から戦国時代を扱った。もう一冊を書けば完結だが、一問一答式のスタイルでの通史になっている。

参考文献については、通史はさまざまな人が参考文献を示すことなく同じようなことを書いている分野だから、すべての参考文献やネットを含めた記事を挙げることはない。ただ、固有名詞の表記や年代などを特定の資料に合わせた場合は、その旨断わるし、明らかにオリジナリティのある説や数字、表現を使う場合は学術論文であろうが、ネット情報であろうが、できるだけ文中でその旨を断わることにしている。

ちなみに、『日本国紀』論争で多く拠っているのでないかと話題になったウィキペディアなどネット情報については、出版社が資料として挙げることを嫌うことが多いのが問題だ。本当はウィキペディアがもっとも信頼できる資料である分野は多いのである。とくに英語版やフランス語版の信頼性は高い。また、間違いの指摘の処理システムがあるので、クレームがついていることも分かるし、随時、改訂されているので現代物はその意味で正確性が高い。たとえば、外国のロイヤル・ファミリーについての情報など、その国の言語による記事を使うのがいちばん安心だ。むしろ、出版界でウィキペディアなどネット資料を参考文献として挙げることを嫌う風潮の方が問題だと思っている。

本書のタイトルは『「日本国紀」は世紀の名著かトンデモ本か』である。呉座勇一氏は「『百田尚樹の痛快！日本史講義』みたいなタイトルだったら、私はわざわざ朝日新聞で批判しなかった」と書いたが、本の価値は読み方によってどちらにでもなる。

私はかつて『坂本龍馬　私の履歴書』（ＳＢ新書）と『小説伝奇　上杉鷹山』（ＰＨＰ）を書いた。そのなかで、日本人に勇気を与える名作と言われる司馬遼太郎『竜馬がゆく』、童門冬二『上杉鷹山』の史実と違う点を丁寧にひろい、読者が史実と違う虚像を持たないように問題提起し有意義なリアクションをいただいた。

『日本国紀』も多くの読者に支持されるのに十分な理由がある一方、日本人が共有すべき歴史認識というには疑問も多々あるというのが私の感想だが、そういう指摘をした本として、歴史ファンに前記の二冊同様に活用していただければ本望だということで締めくくりたい。

なお、本書の一部は「言論プラットフォーム　アゴラ」（株式会社アゴラ研究所）に二〇一八年十一月より連載したものに加筆・修正したものである。

二〇一九年二月

八幡　和郎

八幡　和郎（やわた　かずお）
政治評論家／歴史作家

滋賀県大津市出身。東京大学法学部卒業。1975年通商産業省（現・経済産業省）入省。フランス国立行政学院（ENA）留学。パリ・ジェトロ産業調査員、通商政策局北西アジア課長、大臣官房情報管理課長、国土庁長官官房参事官などを歴任。1997年退官。徳島文理大学教授（2004～）国士舘大学大学院客員教授（2016～）。新聞・雑誌・テレビ・ラジオ・ネット番組等多くのメディアで活躍している。政治・外交・経済、歴史・地理、皇室、教育など多方面にわたる著書多数。『日本と世界がわかる　最強の日本史』『世界と日本がわかる　最強の世界史』（扶桑社新書）など世界史・日本史分野における著書は本書「あとがきにかえて」を参照。

近著としては『捏造だらけの韓国史』（ワニブックス）『日本の高校ベスト100』『47都道府県政治地図』（啓文社書房）『誤解だらけの沖縄と領土問題』『誤解だらけの皇位継承の真実』（イースト新書）『中国と日本がわかる最強の中国史」（扶桑社新書）『江戸時代の「不都合すぎる真実」日本を三流にした徳川の過ち』（PHP文庫）など。

「日本国紀」は世紀の名著かトンデモ本か

2019年4月3日　初版第1刷
2019年4月12日　第2刷発行

著　者　八　幡　和　郎
発行者　梶　原　純　司
発行所　ぱるす出版 株式会社
東京都文京区本郷2-25-14　第1ライトビル508　〒113-0033
電話（03）5577-6201　FAX（03）5577-6202
http://www.pulse-p.co.jp
E-mail　info@pulse-p.co.jp
本文デザイン　オフィスキュー／表紙デザイン　㈱WADE
印刷・製本　株式会社平河工業社
ISBN 978-4-8276-0246-3